変革を駆動する大学

五神　真［著］

東京大学ビジョン2020

VISION 2020

社会との連携から協創へ

東京大学出版会

Driving Innovation in Society:
The University of Tokyo's Vision 2020

Makoto GONOKAMI

University of Tokyo Press, 2017
ISBN 978-4-13-003361-9

はじめに

私は二〇一五（平成二七）年四月に、東京大学の第三〇代総長に就任しました。私が総長に就任する少し前から、大学、とくに国立大学のあり方や改革を促す議論が政府や産業界で活発化していました。私自身も、現在の世界と日本の社会の姿を重ねながら、大学のあり方について問い直し、学内のメンバーと議論を深め、改革の方向性を定め、改革に着手しています。そのなかで、この改革はこれまで長年培って来た日本の高等教育の未来を大きく左右するものだと感じるようになりました。そこで、私が考える大学改革について、背景と真意をより多くのみなさまにお伝えし、改革の理念を共有していただく必要があると感じてきました。今回、就任して二年という段階で本を刊行することを決意したのも、そのためです。

東大は今年、創立一四〇年目を迎えます。

一八七七（明治一〇）年に創立された東大の歴史は、七〇年前の終戦をほぼ中間点として、二つの時期に分けられます。帝国大学として、日本の近代国家建設の歩みに貢献する役割を担ったのが第一の時期であるとすれば、日本国憲法下の国立大学として、日本の復興と民主化、そして発展につとめたのが第二の時期です。そして東大はいよいよ、第三の時期に入ろうとしています。

それでは、第三の時期における東大のミッションは何でしょうか。国立大学法人化を見据えた二〇〇三年、本学の理念と目標を示す指針である東京大学憲章を制定するにあたって掲げられたのが、「世界の公共性に奉仕する大学」という言葉です。東大は世界に向けてますます自らを開き、研究成果を社会に還元しつつ、同時に社会の要請に応えることをあらためて決意したのです。

今日、資本主義や民主主義といった、現代社会を支えてきた基本的な仕組みそのものを今後どうすべきか、ということを問うきっかけとなるようなできごとが相次いでいます。地球環境の劣化、資源枯渇、地域間格差の拡大といった地球規模の問題が顕在化し、世界情勢がますます不安定になっているように感じることも少なくありません。

これに対し、人類はただ立ち尽くすしかないのでしょうか。多様な人々が尊重し合いながら協力して、人類社会をより良い方向の変革へと駆動する新たな仕組みを生み出すことは、もうできないのでしょうか。

むしろ私は、大学こそが人類社会の変革を駆動する中心的役割を担うべきであると確信しています。その原動力となる資源は、長い年月をかけて積み上げて来た学問、すなわち知の蓄積です。なかでも、日本の大学の果たすべき役割は大きいと考えています。日本には、近代社会の諸課題にいち早く取り組むと同時に、西洋とは異なるアジアの歴史や文化などを背景として、東西の学術の融合を図りながら、独自の学問を創り上げてきた伝統があります。この独特の知恵を普遍化して世界に伝えていき、人類の知をいっそう多様化し、全体としてより強靭なものにしていかねばなりません。そのことを、本書を通じて主張していきたいのです。

日本の大学、なかでも東大には、一四〇年にわたる国の内外からの支援に基づく学知の蓄積があります。これを最大限に活かしながら、次の七〇年間の人類社会をどう切り開き、そのなかで日本をどう輝かせるか。そのシナリオを具体的に描き、それに沿った行動をすることが、いま東大に求められています。

東大の歴史を七〇年単位で捉えると、私の任期中に新たな七〇年の時代に入るとともに、私の任期中に東大に入学した学生は、まさにこの新たな時代をかたちづくる世代となります。未来の社会をかたちづくるこの若者たちへの責任を果たすためにも、いまこそ東大は自らの機能を思い切って転換していかねばならないと思っています。

私は、このような機能転換の理念と具体的方針を学内のメンバーと共有し、それを学外に示すために、「東京大学ビジョン二〇二〇」を策定しました。このビジョンの策定にあたって、東大の全学の構成員と半年間議論を重ねました。こうして全学の総力を結集して改革を力強く進めていくためにまとめた「ビジョン」については、本書のなかでも詳しく触れますし、付録として全文を収録しています。具体的なアクションについては、社会の変化やいただいたご意見を踏まえて、更新していく予定です。

この「東京大学ビジョン二〇二〇」を貫く基本理念は、「卓越性と多様性の相互連環」です。文系・理系のあらゆる分野で世界最高水準の教育研究を目指す東大が「卓越性」を基本理念として掲げるのは、当然のこととみなされるでしょう。実際に、東大ではさまざまな分野において最先端、最高水準の研究が進んでいます。しかし、個々の分野がばらばらに併存しているだけでは、ただの複数性にすぎません。

異分野間での開かれた対話と連携、そしてときには摩擦や衝突があってこそ、卓越性はさらに高度な段階へと上昇していきます。価値や意味を単一の尺度で測ることができない異なるもの同士が、互いの差異と固有性を尊重しながらぶつかり合い、刺激を与え合うことが不可欠です。そうしたことを可能とする「多様性」を活力としてはじめて、総合大学としての卓越性が実現されていくのです。

また、文理を越えた複数分野の協働によって、これまで存在しなかった独創的な融合分野が生まれることもめずらしくありません。こうして絶えず連動しながら学術を進化させていくダイナミックな「卓越性と多様性の相互連環」こそが、東大の教育研究の基本的な駆動力です。

東大はこのビジョンに基づき、アジアの中心的な学術拠点として、また世界最先端の知的活動を担う場として、これまで果たしてきた役割を着実に受け継ぎつつ、文理に広がる多様で深い学術の相互の出会いを促し、新しい学知を生み出していかねばなりません。そして、学知の創出にとどまることなく、それを人類社会をより良くするための資源として活用することで、新たな価値として社会に伝えることが重要だと考えます。それには、産官学民あらゆるセクターの人々との協働が不可欠です。大学はまさにそれを実行する場としての「知の協創の世界拠点」とならねばなりません。こうして二一世紀の地球と人類社会をより良くすることに貢献したいと思います。そのために東大の機能を拡張あるいは転換し、今後も拠点として効果的に活動できるよういっそうの努力を重ねていきます。東大のこの試みに関心をお持ちくださる一人でも多くの方に本書を手にとっていただき、未来を私たちと協創する仲間になっていただければ、これにまさる喜びはありません。

本書の出版に当たり、二〇一六年度に教育・研究の傍ら特別に総長の仕事を補佐していただいていた宇野重規先生、染谷隆夫先生、秋山英文先生、坂田一郎先生とは、本書を通じて読者のみなさんに何を伝えるか、幾度も議論させていただきました。今村聡子氏、猪塚和彦氏、八木橋麻美氏、鵜川健也氏、古谷博行氏はじめ東京大学本部の事務職員の方々にも原稿の調整などご助力をいただきました。また、黒田拓也専務理事、小松美加編集局長ほか東京大学出版会のみなさんから温かいサポートをいただきました。心より感謝申し上げます。

二〇一七年三月一〇日

東京大学総長　五神　真

変革を駆動する大学／目次

「出る杭を伸ばす」

第2章

目次

序章

知の公共財としての大学

いまの世界をどう捉えているか

二〇一六年は、年頭の中国発の世界金融不安からはじまって、三月にはブリュッセルでテロ事件があり、その後も各地でテロ事件が続きました。

各地の選挙を見ると、保護主義的な動きが、とくにヨーロッパ各地で広がっています。民主主義は人類の長年の英知によって作り上げられたもので、選挙は民主主義の根幹をなすものですが、いまはそれが、選挙に勝つために民主主義が利用されているかのようになっているなかで、ポピュリズムや保護主義が台頭しているという状況です。昨年の世界の動きを見ていると、人類社会にとって、経済や政治を回す仕組み自体にかなりの修正がせまられているのではないかと痛感しました。

アメリカの大統領選挙についても、選挙の前年にこの結果を予想していた人はほとんどいなかったと思います。このため、いまではトランプ大統領が何を目指してどのようにアメリカを運営していくのか、世界の多くの人々が関心を持って見守っているのではないでしょうか。

自然災害については、日本では二〇一六年四月に熊本、大分で発生した地震の被害が甚大でした。科学技術が進歩しているとは言っても、やはり自然の力というのは桁違いです。そのような自然の力に対してどのような社会をつくっていくか、ということを改めて考えさせられました。

二〇一六年は、世界の既存の仕組みが壊れかかり問い直された時期であったと、後世の歴史家が評価するのではないかとの予感がします。二〇一七年を迎えて、私たちはこれからどうしたらよいのでしょうか。大学人として感じるのは、いまこそ知性をもって世界をより良い方向に導いていく、そんな役割を大学が果たさなければならない、ということです。

二〇一六年三月の大きなテロの後、四月にＩＡＲＵ（The International Alliance of Research Universities）という会議で東大を含む世界最高峰の一一の研究大学の学長がオックスフォードに集まったときに、ＥＵ離脱を問うイギリスの国民投票の話で盛り上がりました。なかには、どちらかというとＥＵ離脱を支持する意見もあり、これはどのような結果になるかわからないなと思いました。

また、あるEU域内の大学関係者が、イギリスが離脱すれば私たちの国の世論にも影響が出るかもしれないと言うのを聞いて、なかなかEUも厳しい局面を迎えるのではないかと思っていたところ、六月にイギリスのEU離脱（ブレグジット）が決まり、びっくりしました。

一方、デンマークのある学長の話によると、政権交代が起こった際、新政権は、社会保障と高等教育のどちらが大事かと国民に問いかけたそうです。その結果、社会保障を重視するということになり、高等教育費が一〇％位カットされたそうです。彼の大学では、二〇一五年一〇月に政府から予算削減を通告されて、クリスマスまでに教職員合わせて五〇〇人の雇用削減を決めたそうです。この結果、多くの歴史ある言語研究の講座が閉じられたとも言っていました。その大学はヨーロッパの伝統的な大学ですので、学部の授業料は基本的に無料です。つまり、高等教育をパブリックなものとしてみんなで支えるという文化が歴史的に定着している国でも、そのような状況になっているのです。

日本でもいわゆる人文社会科学系問題が物議を醸しましたが、大学の研究や教育活動をどのように支えていくかということが、世界各国で課題になっていると感じました。ヨーロッパではデンマークがいま述べたような状況ですし、おそらくイギリスでもブレグジットの影響がこれから相当に出てくるでしょう。また、アメリカのある州立大学の副学長の話では、州議会で大学への税制優遇を見直したいという議論になり、困っているということでした。つまり、大学も民間企業との連携を行うことなどを通じて十分な財源を確保できるようになっているので、特別扱いしなくてもよいのではないか、と議会から言われているわけです。

総じて言えば、公共財としての大学を誰がどのように支えるのか、これまでのスキームを変えなければならない状況に、世界の多くの大学が直面しています。日本においても、国の財政状況が厳しいなかで、文部科学大臣自らが「運営費交付金依存体質をやめよう」と言う状況が起きているわけです。学校教育法の改正、国立大学法人法の改正が再度行われ、さらに指定国立大学(一)の制度が二〇一七年四月にスタートします。大学の自立がさらに求められるのです。日本の国立大学も、誰が、どのように財源的に支えていくのか、きちんと考え直していかなければなりません。

もちろん、これまで税金でまかなってきたものを今後どう支えていくのかという問題は、交通インフラをはじめとした道路などさまざまな公共財や社会保障などに当てはまる問題で、大学に限った話ではありません。とはいえ、やはり私は大学は資本主義や民主主義といった社会を支える仕組みを生み出してきた人々の

(一) 指定国立大学制度：国際的な研究・人材育成／知の協創拠点となる国立大学として、「研究力」、「社会との連携」、「国際協働」の三つの領域においてすぐれている国立大学が指定される。二〇一六年一一月から公募。

知的営みを支える最後の砦と言えるものであり、ここをしっかりと強化することで、反知性的な流れによって社会の仕組みが崩れないように繋ぎ止めなければならないと考えています。

とくに、第二次世界大戦直後の七〇年前といまで異なるのは、ICT（情報通信の技術）などの進展により、世界が瞬時につながり合う状況が生まれ、グローバル化が一気に加速しているという点です。どこかの国が音頭を取って、世界全体で調和を取るということが昔以上に難しくなる一方で、何かが起きたときの影響がものすごいスピードで世界中に広がります。このため、様子を見ながらじっくり対応策を考えるという余裕はありません。相当に知恵を絞って備えをしておく必要があるのです。

そのためには、このようなテクノロジーと社会システムが絡み合った、現在私たちが持っている仕組みとその実際の動き方がどういうものなのか、より深く理解しておかなければなりません。

SNSの影響力――女子学生支援をめぐって

このことに関連して、「東京大学の女子学生に対する三万円の住まい支援」の

図 0.1　東京大学女子学生の住まい支援の案内チラシ

話題をさまざまなメディアで取り上げていただいたことについて、私が感じたことに触れておきたいと思います。

この住まい支援は、二〇一七年の入学者募集に合わせて、東大が大学近辺に一〇〇戸ほどの女子学生用の住まいを用意し、各戸につき三万円ずつ家賃を支援するという計画です（図0.1）。発表の翌朝、主要新聞は、これを東大が地方からの女子学生を歓迎するというメッセージを出したという論調で報じました。「入試で女子だけ優遇するのは、不公平になるおそれがあるが、今回の施策は女子学生を積極的に受け入れたいという姿勢の現れ」という有識者コメントを付す報道もありました。

しかし、その日の昼ごろでしょうか、「これは不平等じゃないか、僕たち男子学生も困っているのに」というツイートが流れ、これがあっという間に拡散し、以後「住まい支援」に対して否定的な論調がSNS（ソーシャル・ネットワーキング・サービス）上で主流となって展開されていきました。

これはSNSの特徴ではないでしょうか。気楽に各自が感じたことを発信すると、それがあっという間に連鎖し拡散するのです。

このとき、私は面白いというか、なるほどと思ったのは、その意見が出たとき以降、主要メディアの報道が、SNSに同調するような方向に変わっていったのを目の当たりにしたときなのです。つまり現代のメディアには、ある事象を取り上げ報道する際の評価軸の設定において、ＳＮＳを意識する傾向もあるのだと感じました。

さて、男女共同参画においてなぜポジティブ・アクション、アファーマティブ・アクションといった、女性の参画の助けになるような取組みが必要かといえば、現状が平等ではないとの認識を持っているからです。具体的に大学生の住まいについて見てみると、例えば、都内の県人会の学生寮はその大半が男子寮です。このような状況を踏まえると、女子学生のための住まいを大学が用意することがただちに不平等であると結論づけることの正当性は失われます。

また、かつては大学が女子寮を建設・所有するということは経営的にも意義があったと思います。ところが、建設費が高騰している現在、寮という「箱」を建てることには、その維持費も含めた多額の支出を伴います。一方、民間事業者による学生宿舎等提供事業は、以前と比較すると格段に充実しています。限られた財源のなかで、代替案を検討することなく「箱」に対して投資が行われ、結果として大事な研究者、とくに若手の雇用のための人件費を削らなければならないことになるのであれば非常に残念なことです。これを見直したいと、私は総長になってから常々強調してきました。

実際、東京を中心とした首都圏では、景気がなかなか良くならないなかで、「アパート不況」になっていると聞いています。つまり、空きアパートがたくさんあるのです。寮を建設するのには時間がかかりますが、民間のアパートが空いていて、それを利用するのであれば、即座にできます。大学が建物の管理を行う必要もありませんし、学生にとってもしっかりとしたプロのサービスが受けられるのであれば、非常に安心で、コストパフォーマンスも悪くありません。逆に言えば、いまの状況では大学が自ら「箱」をつくるよりも、提携により民間の住まいを用意するほうが、税金である運営費交付金を上手に使ったことになります。

私は、地方から来る女子学生を歓迎したいという具体的なメッセージを出したいとずっと考えていました。ですから、大学まで約三〇分以内で通えて、セキュリティがしっかりしていて、親御さんが上京したときに、横に布団を敷けば寝られるぐらいの広さのあるワンルームを、ある程度廉価に利用できるようにしておくことが必要だと考えたのです。学部学生の多様性の促進という目的の二〇一六年の推薦入試導入と併せてこういった制度を用意すれば、より効果的なメッセージになったかもしれません。そう思いながら二〇一五年に総長に就任後、ただちに「住まい支援」の制度を整えました。もちろん今後、留学生や地方出身の男子学生にも広げていくつもりです。

話を「住まい支援」の報道に戻すと、いろいろなことに想像をめぐらせ、多様な角度から検討して取材されれば、SNSの論調を追うかたちでの報道とは違ったものになったのではないでしょうか。

二〇一六年四月の入学式で、私は学生に対して「新聞を読みましょう」と言いました。そのときに強調したのは、「日本だけでなく海外メディアの報道にも目を通しなさい」「多様な視点に触れることを通じて何が起こっているか自分で考えなさい」ということでした。今回のできごとはまさに、このことの重要性を裏書きするかたちになっていると思いました。

アメリカ大統領選挙に関する報道と社会システムの課題

私のすぐ身近に起こった「住まい支援」をめぐる報道を通じて、メディアという言論界のプロフェッショナルな方々でさえも、SNSを通じて伝わってくる人々の興味関心に影響を受けながら記事を書いていることが分かりました。

こうした一大学に限った話であればそれほど大した問題ではないかもしれませんが、私が同様の問題意識で注目したのは、同じころにあったトランプ氏の大統領選勝利の報道でした。日本で真っ先に報道されたのは、「全米各地で反トランプのデモが起こっています」という話でした。

それは、日本の読者が最も読みたいであろうとそのときの報道側が判断した内容だったのかもしれません。しかし、あれだけ広いアメリカで、彼を支持した人が大勢いたからこそ、トランプ氏が勝ったわけですから、デモの話だけでは、事実のひとつの側面だけを伝えたにすぎません。事実のもうひとつの重要な側面である、アメリカ社会のなかで排他的な雰囲気が増大しているかどうかといった、国際関係上重要な情報について報道されたのは、その一週間後でした。選挙直後は「反トランプのデモが起きています」という報道ばかりを目にしていたので、それがアメリカ全土で起こっていることのすべてのように思った人もいたかもしれません。

「住まい支援」やアメリカ大統領選挙の報道を通じて分かったことは、世の中にさまざまな知識や情報を伝え、幅広いコミュニケーションを可能にするために開発されたSNSが、メディアの報道の方向性に少なからぬ影響を与えていることです。

メディアの報道に限らず、社会のさまざまな仕組みは、このような新しく、そして急速に発展するテクノロジーを前提としてつくられているわけではありません。もうひとつ、トランプ氏が勝った後、株価や為替がものすごく大きな振れ幅で変動しました。いま（二〇一七年三月）は円安で株高ですが、この後どうなるのか先が見通せません。かつてならば政治的な変動があっても、極端な経済的変動は何十年に一回しか起こらなかったのが、いまだとすぐ簡単に起きてしまいます。

テクノロジーの進歩や情報の伝播がかつてないスピードで進むなか、社会システムは従来のままではうまくいかなくなっています。だからこそ、新しい技術や多様な意見・視点を否定して避けるのではなく、それらを活かす知恵が大切です。みんなで知恵を出して、社会システムを改良していかなければなりません。二〇一六年に起きたさまざまなできごとは、私も含めて多くの人々にこのことを実感させたのではないでしょうか。

研究の原動力と大学の未来

さて、私たち大学人の本業である研究について言うと、このように変化の激しい時代にあって、良い研究をいかに支えていけるか、ということが重要な課題となっています。良い研究が、専門家によってプロフェッショナルな視点できちんと評価されたかどうかが二〇年、三〇年後に問われると思います。表面的、通俗的、あるいはツール・ドリブン（tool-driven）な側面を重視した評価ばかりに目を奪われていては、良い研究すなわちアカデミアの真の価値を引き出すことはできないのです。

このことを象徴するのが大隅良典(2)先生のノーベル賞受賞です。大隅先生は、私が東大理学部の物理学教室で助手をしていた時期に、同じ理学部の植物学教室で助手や講師をされていました。こつこつと研究を続けられ、一九八八年に東大教養学部の助教授（現在の准教授に相当）になられたときに、今回の受賞の対象となったオートファジーの研究をスタートされたのです。

大隅先生は論文を量産する人ではなかったそうです。オートファジーの最初の成果を論文として発表したのは、その現象を見つけてから四年後の一九九二年でした。研究の世界では、発表した論文数をもって、その研究者の活動を評価する傾向があります。ですから、論文をたくさん書かないというスタイルは、研究資金の獲得や昇進などの面で、一般的には不利に働くことが多いのです。

しかし、元東大教養学部長である毛利秀雄先生が当時所長を務めていた岡崎国立共同研究機構基礎生物学研究所は、大隅先生の研究の真の価値を理解していたため、大隅先生を教授として迎えました。そこで充実した研究体制を整備することができた大隅先生は、さらに研究を発展させていかれました（図0.2）。このように、そのころは、論文をたくさん書かなくても、自身の信じるところに従って

(2) 大隅良典（おおすみ・よしのり）：一九四五年生まれの生物学者。東京工業大学特任教授・栄誉教授。オートファジーの仕組みの解明により二〇一六年ノーベル生理学・医学賞を受賞した。

図 0.2　大隅良典先生（左）と毛利秀雄先生（右）
（基礎生物学研究所提供）

研究を行う人がいて、それを許容する余裕があったのです。

私の研究人生でも、その前半においては、研究した結果が評価されるかどうかは私自身にとってはさほど重要ではなく、これは面白いとか面白くないとか、ともかく周りの人と一生懸命に議論することだけに、時間を使っていた時代がありました。二〇一五年のノーベル物理学賞を受賞した梶田隆章先生にもそのような時代があったと聞いていますが、そのような時代の研究がいま、ノーベル賞というかたちで評価されているわけです。しかし、現在は短期的な成果を求められる傾向が強く、その意味では、これから先の研究がどうなっていくのか、やはり心配です。

大学における研究を支える原資は、運営費交付金のほか、いわゆる競争的資金といって、大学の外から研究者が獲得してくる資金があり、後者の割合が増えています。獲得した資金がその目的通りに使われたかどうかという説明責任がこれまで以上に高まっているのは確かで、これにはきちんと応えていかなくてはなりません。しかし一方では、研究者がプロとしての専門性をいかんなく発揮し、しかも自分が本当に面白いと思う「心」を最優先の原動力として研究に打ち込めるという空間がないと、真にオリジナルで価値のあるものは出てこないものです。東大の真価はそういう空間を持っていることなのです。

「東大だからこそ、このような研究が出た」ということが、とても大事なのです。そのような研究は、やっている当時は、必ずしも多くの人に理解されるとは限りません。後になって、なるほどこういうことだったのだと分かることが一般的です。

こうした良い研究に打ち込める空間の確保を大学の経営として成り立たせるのは結構難しいのですが、それでもやはり良い研究を支えていくために、プロ集団としてハイレベルな判断を行い、きちんと自信を持って認め合う力量を備えるような体制を大学につくるには、いろいろな意味で基盤的な部分の余裕が必要なのです。その余裕をつくるためには、財源基盤をきちんと充実させる必要があり、それは総長の仕事です。そのために総長が大学経営の仕組みを変えることを通じて、個々の教員がより活躍できる環境をつくらなければならないと私は考えています。

先の女子学生の「住まい支援」などもそのひとつの典型例です。寮を自ら建設すれば、その支出によって人件費に回せる資金が減りますが、民間を活用すれば、教員のポストを減らす必要もなく実現できます。こうした経営上の工夫をひとつひとつ実践していくことが重要であると考えています。

大学にとって最も大事なことを、最優先で守る経営ができるかどうか。それはすなわち、いまは評価されないとしても、二〇年、三〇年後に、「あのときにあのような判断をし、あのような投資をしていたことが、いまを支えている」というものを残せるような経営であると私は考えています。このことを、二〇一六年に起きたさまざまなできごとを振り返って、つくづく実感しました。

「はじめに」で述べたように、東大の一四〇年の歴史は、終戦をほぼ中間点にして、七〇年ごとに区切ることができます。これから第三の七〇年を迎えるということもあり、私は七〇年スケールで大学の目指すべき方向を考えることにしています。われわれが進めてきた改革を東京大学という枠を超えて、もう少し大きなムーブメントにしていくためには、やはり分かりやすい説明や工夫が必要だと思います。本書は、その試みとして、読者のみなさまにお示しするものです。

1部

学生時代から総長になるまで

第1章

「知のプロフェッショナル」へ——初めの一歩

大学での勉強と駒場時代

私は一九七六年に東大理科Ⅰ類に入学しました。私が通った私立武蔵高校は、旧制高等学校のリベラルアーツ教育の伝統を引き継いでいました。数学や物理はハイレベルでしたし、英語、社会や国語の教育も独特で充実していました。それでも高校三年になると、受験にそなえる必要がありました。受験勉強では、本番で間違わないようにと、同じパターンの問題を何度も練習します。それに慣れた状態で大学に入ると、目の前の様子が一変したように感じました。

例えば講義が進むスピードが違います。大学では、まだきちんと分かっていないと思っても、講義は先に行ってしまいます。受験参考書の練習問題を何度も解いて、知識の定着をはかるというわけにも行きません。こんなことだったら高校時代にもうちょっと時間配分を考えて、早めに勉強しておけば良かったと思うわけです。あのころはずいぶん時間があったし、同じ問題を繰り返しやっていたのだからと。

ですから、勉強を相当しなければなりません。大学一年の前期などは、私も相当勉強しました。

例えば東大の場合は、必修授業で語学を二種類学ぶのですが、英語に次ぐ第二外国語として選んだフランス語では、動詞の活用などがややこしいわけです。ところが授業では、文法の講義が二カ月ぐらいで全部終わってしまう。接続法とか、そういう難しいものをすべて二カ月で終えるようなスピードで進むのです。授業のたびに毎回、フランス語の単語を調べていたのですが、一回の授業の予習で二〇〇個ぐらい調べたときもありました。ともかく忙しかったという思い出があります。

いまのように科目の授業内容の平準化が進んでいなかったので、先生による難易度のばらつきもありました。それでも必修授業は先生を選べるわけではありません。自分の担当の先生の授業が分かりにくいというときには、時間割をやりくりして、評判の良い授業に潜り込んで、理解を深めるということもやりました。

面白いことは、一・二年生を過ごした駒場キャンパスの教養学部の時代にたくさんありました。例えばマルセル・デュシャン(一)という人の有名な『大ガラス』という作品があります。建築系で図学が専門の横山正先生は、そのコピーをつくるというプロジェクトを始められました。『大ガラス』のコピーをつくるには、写真を撮るだけでは駄目である、写真を引き伸ばしても正しい図にはならないので、きちんと製図をし直すんだと言っていました。それが完成したときには、デュシャンの奥さんがわざわざ来日したほどです。いまでも東大教養学部駒場博物館にあると思います。そういう、何かの役に立つとかいうことを超越した、先生たちのものすごい熱意と努力によって、デュシャンという芸術家が人々に与えているインパクトを自分なりに経験することができました。

社会科学では法学で単位を取らなければなりませんでした。教員免許を取ろうと思っていたので、必修だったのです。だから法学を履修しましたが、思いのほか勉強になりました。

法律の基礎中の基礎、構成要件該当性とか違法性阻却事由など、法律を考える上では、そういう枠組みがとても大事だということを、分かりやすく説明してもらえました。ものごとの仕組みを捉えるためのフレームがあることを理解したことは、いまでも役に立っていると思います。

知識そのものは忘れてしまうにしても、そこで得た思考の枠組みのようなもの

(一)マルセル・デュシャン(Marcel Duchamp):一八八七〜一九六八年、フランス生まれの美術家。ガラスを支持体とした作品『彼女の独身者たちによって裸にされた花嫁、さえも』は通称『大ガラス』と呼ばれる。

は、その後に役立ちます。条文があって、それを誰が解釈しても、大きくは違わない結論に至るようにするには、何にこだわらなければならないのか。いわゆる常識判断だけでは社会は回らない、そういう仕組みを習うという意味で良かったと思います。

こういった授業を受けることにプラスアルファして、自主的な実験もやっていたのです。そのくらいの時間はありました。

友達とクラシックギターのサークルで毎日演奏したり、食事をともにしたりもしました。そちらの方もいまとなっては非常に良い経験だったと思っています。東大では文系理系を問わず、一・二年生は皆、教養学部で学びます。その後、三年生から専門学部にそれぞれ進学していくのですが、医学部、法学部、文学部、工学部、理学部に行った人など、いろいろな人が集まって、一年上と一年下の学年も含めて、ワイワイ会う機会がいまでもあります。卒業後もずっと定期的に会って情報交換を続けています。

迷った進路

私は建築学に興味を持っていました。きっかけは、小さいころ近所に住んでいた彫刻家の先生でした。その先生はたぶん、現代彫刻をやっていたのです。あまり作品が売れているようには見えなかったのですが、仲間に手伝ってもらって建設したブロック作りのアトリエを主宰していました。子どもたちを集めて、そのアトリエを開放して粘土細工や油絵を教えていました。

子どもがつくるので、変な格好の作品もできます。ところが、たまたまできたものを見て、その先生が感動してくれるのです。子どもの作品を石こうにとって永久保存にして、アトリエにぶら下げて飾っておくというようなことをする浮世離れしていた方でした。その先生がどうやって暮らしを立てていたのかよく分からないのですが、いま思うと、怪獣映画のセットなどをつくるアルバイトをされていたのではないかと思います。何回か小学生の低学年のころに、東宝の撮影所に連れていってもらったことがあります。

そういう、何かものづくりをするような環境が近くにあったので、ものをつくるのは面白いなと思っていました。しかも、その彫刻家の先生は、彫刻刀にしても、油絵の具にしても、銅版画のエッチングにしても、プロの道具を子どもにも構わず使わせたりしていたのです。

大人が本気で子どもに向き合っていたのでしょう。もしかすると、芸術家として、子どもがつくるものをほんとうに面白がっていたのかもしれません。

その先生はとても印象深い方でした。川にイワナか何かを釣りにいって、釣った魚を一日かけて、庭で七輪を使って焼いているのです。何をしているのだろうと思っていたら、焦げ目がすごくきれいにできたというので、食べずにそのままアトリエに飾ってしまうような方でした。それが、私が小学校に入ったころぐらいの体験で、こういう人生は絶対に楽しいと思ったのです。

そのようなわけで、大学に入ったときには建築に興味がありました。実はもうひとつ数学も好きだったのですが、これに関しては割と早目に、自分の人生を懸けるかというと、それは少し違うな、と悟りました。

東大には建築の授業と一口に言ってもいろいろありました。どんな授業を取ろうかな、と考えて、有名な原広司先生(2)――当時は生産技術研究所の助教授――が行っていた授業を受講しました。そこではずっと現代建築、それこそル・コルビュジエなどを扱った講義が行われていました。ゼミの最終回が終わってからでしょうか、原先生が自分で造られた原邸という有名な建築――そのころは建ってまだ二、三年でした――にゼミ生が一五人ぐらいで訪問し、懇談させていただく機会がありました。駒場の一・二年生で建築志望の人たちが集まったのですけれど、何だか自分には肌が合わないように思えて、それで建築学科以外の進学について考えるようになりました。

(2) 原広司（はら・ひろし）：一九三六年生まれの建築家。東京大学名誉教授。作品に、梅田スカイビル、京都駅ビル、札幌ドーム、東京大学生産技術研究所などの建築がある。原邸は一九七四年竣工。

原先生は素晴らしい先生でしたので、いま思えば、そんなことは気にせず、やりたいことをやればよかったのですが、当時はなんとなく違和感を覚えてしまったのです。

というわけで、全く進路の方向が決まらないなかで、駒場の物理学教室の小野健一先生が少人数でゼミを開くと聞いたので参加してみました。小野先生は物理学を教えていたのですけども、レオナルド・ダ・ヴィンチの研究者としても有名でした。その研究の本を読んでいたので、小野先生のゼミに行けば、余談でダ・ヴィンチの話でも聞けるだろうと思ったのです。ところが行ってみたら、物理の教科書をじっくり読むことに特化したゼミでした。

その教科書は、米国で出版された統計物理学に関するものでした。「統計物理学」という学問は、東京大学の物理教室の久保亮五先生が立役者の一人です。これは数学を使って磁性や光学的性質、電気の伝わり方といった物質の性質を解き明かす学問です。それまであまり触れることがなかった学問だったのですが、極めて面白いと思いました。結晶がどう成長するかをシミュレーションしようとすると、全然予測できないとか、いろいろなことが分かりました。

そこに集まっている人たちには、結構気が合いそうな人たちが多かったので、それでは物理に行けばよいかなと思ったのです。

というわけで、学部は理学部物理学科に進学しました。工学部の物理工学科への進学を考えなかったのは、やはり物理は広いと考えていたからです。物理工学も非常に研究が進んで、レベルが高いのは分かってはいたのですけれど、何しろ何をやりたくなるか分からないので、いろいろなことができるところがよいという理由で物理学科に進学したのです。

学部生時代を振り返って

大学に入ったばかりの大学生は何を学べばよいのでしょうか。新しいことをするためには、過去の学問成果を理解する必要があります。私も、そういうものに一生懸命取り組んで勉強したいと思っていました。

授業で習うものは、ある程度カリキュラムの体系ができています。それでも、それとは違うもの、例えば宇宙はどうできているかを、ホーキング先生の本を読んで考えてみたくなったりするものです。もちろん、それをきちんと理解するには、ベースとなる知識が積み上げられている必要があります。そのためには、授業で習う数学や物理をきちんとマスターしておかなければなりません。とはいえ、アインシュタインが書いた有名な論文を原論文で読んでみるとか、湯川秀樹先生がノーベル賞を取った論文をみんなで読んでみるとか、そういうことをやってみるわけです。

そうすると、何を勉強しないといけないか、何を分かっている必要があるかが見えてきます。大学院生くらいになったら新しい知を自分で追加する立場になれるわけです。そういう最先端に立つために学部時代のいま、何が必要かということが見えてくるのです。

もちろん、人によって違いはあります。極めて早熟な人は、高校時代にすでにかなり高いレベルまで達していたかもしれません。人によってさまざまですが、自分の人生のなかで、最先端になるべく早く到達するにはどうしたらよいのか、それを考えてみるには、大学学部生時代は良い時期です。

例えば、この先生のこの論文は、いろいろな意味で含蓄の深い論文だと言われているとします。それならば読んでみようと思っても、一人ではじめると挫折するわけです。だからみんなで読んでみて、「ここは本当は何を言っているのだろう」と、ひと月くらいかけて議論するのです。これが東大でいまも広く行われている自主ゼミや勉強会で、私もアインシュタインや湯川先生の原論文をこの方法でみんなで一緒に読みました。

後々にある研究分野の源流となる論文というのは、著者自身がものすごく試行錯誤しながら、誰も考えたことのないことを説明しようとしているので、必ずしも読みやすくはありません。こういった論文を読むことは、新しいものをつくるプロセスを学ぶという意味では非常に重要ですが、そういう論文はえてして読みにくいのです。ですから、そこから何かを吸収しようという意識を共有できる人たちと一緒に理解しようと努力をすることが、読み進めるときの心の支えになります。

大学は、そういう人たちが集まるところです。経験を共有する必要がなければ、最近だとインターネットで論文を読めるので、各々で読めばよいのです。しかし、同じプロセスをシェアする人たちがいて、それぞれが苦労していることを互いに見て、補い合うことが、新しい知をつくるプロセスとしては極めて有効です。そういう場として互いに高め合える仲間に出会えた東大はいまでも良い場所だと思っています。

先ほど、自分の進路が決まらないときに、建築の先生のゼミを取った話をしました。このような、いままで聞いたことがなかった話を聞き、普段付き合っている人と違う人と会って刺激を受けるチャンスは、当時から東大には結構あったと思います。

このほか、五月祭（東大の学園祭）に向けて実験をやろうと友達と計画して、そのために連休中もずっと泊まり込んで、実験装置をつくったりもしました。授業での実験のコースとは何の関係もないものでしたが、そのことを通じて極めて高度なトレーニングができた気がします。

三年生のときには、サイクロトロンをつくろうという話になりました。一九三四年のサイクロトロンについて書かれた原論文を渡されて、それのコピーをつくるということになったのです。相談した先生たちは適度に放任主義で、自由に試行錯誤させてくれた上で、作成に必要な装置を貸してくれたりしました。

四年生のときはレーザーを自作しようということになって、結局、成功はしなかったのですが、装置としては一応全部完成に至りました。

「出る杭を伸ばす」

教育システムを議論するときには、いくつかの考え方があると思います。ひとつは、学力が平均値の周りに分布する人たちをどう教育するかという発想です。もうひとつは、平均値から外れた極めて能力の高い人に対する教育効果をいかに上げるかという発想です。後者は、いわば「出る杭を伸ばす」教育です。東大はこうした優秀さにかけては青天井な学生を受け入れています。

いろいろなことを考え、いろいろなことをやりたい学生を、どのように伸ばしていくか。平均値の近傍からまったく外れているような人たち——外れ方はいろいろな向きがあると思いますが——、東大にはそういう人たちをうまくエンカレッジする仕組みを用意する必要があります。そのためには、授業をどう設計するかというだけではなく、そういう人たちの活動の自由度をどう担保するかが大切です。

例えば、大学の二年生でも、やる気になれば、ベンチャー（企業家）の人たちと一緒に何か新しいことができるかもしれません。そうした機会を設けるのも一案です。一年生向けの必修授業の初年次ゼミナールでは、ふだん学部の教育に関わることのない研究所の先生たちも授業を行います。研究所で最先端の研究を行っている研究者と触れ合えるわけですから、初年次ゼミナールは飛び抜けた人を刺激する仕組みとしても意味があるわけです。

そのようなチャンスを広げる工夫をしながら、学生全体のレベルも上げていくことが大切です。国内外のほかの有力大学の卒業生よりも東大卒の人のほうが優秀だと、みんなが思ってくれるような教育システムをつくっていく必要があります。

いろいろな方面でずば抜けて優秀な人が東大に入る、そしてそういう人たちを東大は応援するという流れを実現するために、何を具体的に行えばよいのでしょうか。東大でもすでに学生向けにいろいろな取組みを展開しているわけですが、それらの効果を見極めるときに、もちろん平均値の周辺に分布する人への影響を測ることも重要です。しかし、それだけを想定して効果を見るのではなくて、とくに優秀な人にとってどのような効果があるかということも同時に考えながら、評価することが重要であると私は考えます。

教育プログラムを何もかも規格化・標準化しすぎると、東大の重要な資産であるずば抜けて優秀な学生を十分に伸ばし切れない教育システムになってしまうでしょう。

その意味で言えば、大学に入ったからには、いわゆる受験勉強のように、やるべきタスクを全部与えて、学生の時間を占有してしまうような教育は、良くないと思うのです。やはり友達と議論したり、実験したりする時間を確保させるということが重要です。

飛び抜けて優れた能力を持った人が、予想もしなかったことに出会う。そのような場があることによって、目の覚めるような成果が生まれることがあります。サークル活動で、これまで誰も見たこともないようなゲームソフトを世界で初めてつくった人が、私の友達にもいました。ですから私は、大学という場に、そんなイメージを持っています。

第2章

研究生活から大学総長へ

物理学の研究へ

東大では、学部一・二年生はすべて教養学部に所属して勉強し、二年生の前半が終わったところで、自分の専門分野を決めて、学部の後半を過ごす学部・学科を選択します。私自身は、入学した時点では、数学にしようか建築にしようかなどと比較的幅広く構えていましたが、最終的に物理学を専門に学びたいと考えました。物理学を学ぶには、理学部物理学科と工学部の物理工学科が候補になりました。

工学部物理工学科は、物理の新しい原理を社会で応用し新しい工学や産業を生み出すことを目的につくられた学科です。しかし、実際に行われていた研究は、純粋な基礎科学に近いものでした。とくに物理のなかでも物性物理学、すなわち固体の性質であるとか半導体であるとか、あるいは高分子などのソフトマター、それからエックス線を使った解析などが活発に行われていました。

理学部物理学科のほうは、素粒子や原子核から宇宙まで、幅広い自然現象を対象として物理学として理解を深めることや、またそこから物理学そのものの新しい原理を見出すことを目的とした研究が行われています。物理工学科でやっているような内容の研究も物理学科に含まれています。当時は、建築にするか数学にするか物理にするかといった選択肢のなかでようやく物理という方向を定めたところでしたので、物理のなかでいろいろ幅広いことを学んでみたいと考え、それならば何でもできるところということで、物理学科を選択しました。

物理の基本方程式は数学で書かれているので、それを使って多様な現象をどう演繹するか、あるいは予測するかというのが物理学の面白いところだと感じていました。数学もかなり高度なものを扱います。また物理を表現するために新しい数学が開発されるということもしばしばありました。

理学部には数学科もあります。そこで、理学部物理学科へ進学するときに、物理学科と数学科はどのくらい交流があるのかと、物理の教員に進学相談で聞いたことを思い出します。東大の場合、その当時は研究対象としての数学と、物理で道具として使う数学とはずいぶん違っていて、あまり交流が盛んではなかったのですが、いまでは、高度な研究を行っているこの二つの学科の連携が極めて重要になっています。

物理学科に進学した後、学部から大学院に進むころには、専門の研究分野として実験物理を選ぶか、それとも理論物理を選ぶかということに悩みました。理論は紙と鉛筆でできるので、発想力があれば何でも研究できる。一方実験は、調べるテーマに応じた装置を用意しなければならず、何でもできるわけではないので少し窮屈かもしれないと思っていました。一方で、実験では、それまでになかった新しい実験装置をつくれば確実に新しいことができるという魅力があります。電気工作やものづくりは子供のころからいろいろな場面で親しんでいたので、実験はいつも楽しいと思っていましたし、装置を自作するのは面白そうだと思っていました。当時の物理学科では、物理は大好きだが、実験は苦手とか、あまり好きではないという人も少なくなかったので、実験にはチャンスがある気がしました。

また、やはり社会の役に立つことをやりたいなと思っていたので、植村泰忠先生という半導体物理学の理論で有名な先生に相談に行きました。物理そのものを研究するだけでなく、世の中でみんなが使えるものも研究したい、どちらを選ぶべきだろうか、と考えていたのですが、植村先生からは、「ほんとうに新しいことをやれば役に立つから、心配しないでいい」と言われて、なるほど、そうかと思いました。例えばレーザーとかトランジスタとかの例を考えてごらん、と言われて納得したのです。

理論か実験か。植村先生は、東芝での勤務を含め、生涯、実験をやる機会がなかった、それが残念だったとおっしゃっていました。理論は後でもできるからとりあえず実験をやったら良いと背中を押され、大学院の修士課程で、光の実験を行う研究室に行くことにしました。

後に、大学院に進学してから気がついたのですが、理論は自由に何でもテーマにできるということではなく、できることは案外少ないということがわかって来ました。理論物理の研究では紙と鉛筆だけでなく、最先端の計算機も駆使するのですが、面白い問題でも理論のフレームに載せるには難し過ぎるということが多いのです。まだ検討されていないことで、理論として対処可能でありながら、物理学の新しい側面を理論として引き出すということは容易なことではないのです。しかしそれだからこそ、理論物理学の研究は魅力があるのです。テーマの発掘や選択には、才能とセンスが必要です。

講義から研究のヒントをつかむ

その当時は、企業の研究所が全盛期で研究費も十分にあったので、修士課程を修了したら、民間企業に就職しようかなと思っていました。ところが、たまたま修士論文の研究のときに面白い実験がひとつできて、英文雑誌に一連の論文を発表できる見通しがたちました。それらをまとめれば博士論文が書けそうだということになったので、ならば就職のことはドクター（理学博士号）を取ってから考えればよいと思い、博士課程に進むことに決めたのです。

きっかけは、レーザーや分光学の研究で世界的に有名な霜田光一先生の分光学の講義で、二本のレーザー光をうまく使って気体原子の精密分光を行ったヘンシュ先生らの実験の論文(一)の紹介を聴いたことでした。私の研究対象は固体だったので、紹介された論文の対象とはまったく違っていたのですが、類似の方法が自分の研究に適用できると思いついたのです。これを応用すれば、非常にオリジナリティーの高い研究になりそうだとすぐに気付きました。まだ修士一年だったので、実験のスキルは低かったのですが、それでも間違わずに行えれば、絶対に意義が大きい実験結果を出せることを確信しました。つまり、「講義で研究のヒ

(一) Wieman, C. and Hänsch, T. W., Doppler-Free Laser Polarization Spectroscopy, Physical Review Letters, 36 (20), 1170-1173, 1976. 著者はその後二人ともノーベル物理学賞を受賞している。

ントをつかんだ」わけです。こうして、修士一年の秋ごろにその講義を聴いて、一一月ぐらいに必要な部品を手づくりで揃え、その実験をやってみることに決めました。

当時、四月に大学院修士課程に進学し、研究室で与えられたテーマについて、世界から出版されている論文を読み漁りながら新しい実験ができないか四六時中考えていました。

なかなか良いアイデアが浮かばなかったのですが、いろいろな実験装置をつくりながら、周りの人に言われたこともやってみました。しかし、結果はあまりぱっとしない感じでした。せっかくつくった装置なのだから、もっと面白い使い方ができるのではないか。そう考えていたときに、この分光学の実験の話を聞いたのです。講義を聴いてすぐに、その新しい実験手法を思いつきました。実際にやってみたら、その当時まだ誰も見ていないような結果が、ぱっと見えてきたのです。それを修士論文としてまとめ、博士論文も同じそのテーマで研究を深めました。

最初に実験に成功したとき、そのテーマに関連してできそうな実験を五、六個すべて列挙し簡単なメモをまとめました。そのメモを持って、休日に指導教官だった長澤信方先生にご自宅の近くの喫茶店で報告したことを思い出します。その列挙したテーマはドクターを取るまでの間に、そのほとんど全部を実現できました。

その実験を思いつかなかったら、それなりの修士論文を書いて、そのまま民間企業に就職していたと思います。実際、ある企業の研究所からも「来ないか」という誘いを修士二年の秋ごろに受けていました。先に述べたように、当時は企業の研究所の全盛期でしたから、「大学に残るよりも良い環境で研究ができる」と就職を勧めてくれる先生もいらっしゃいました。でも、せっかくだからドクターを取ってからにしようという選択をしたのです。

指導教員の長澤信方先生は、私が修士になる一年前に東北大から赴任されたところで、私が第一号の大学院学生でした。研究室には着任のタイミングで導入したフランス製の大きな分光器が一台ありましたが、ほかはほとんど何もなくガランとしていました。修士課程への進学と同時に、同じく東北大で博士を取得したばかりの三田常義さんが助手として東大に来られました。当時、研究室のスタートアップのためのまとまった資金はなかったので、実験室の立ち上げは何から何まで手づくりでした。それでもゼロからのスタートは楽しく、三田さんを手伝いながら日夜作業をしたことを懐かしく思い出します。三田さんはとても実験が上手で、東北大の博士論文でもみごとな実験をいくつも行っていました。実験技術だけでなく、スキーも教えてもらったり大変お世話になりました。自然観察が大好きな方で、時々面白いことを言われました。例えば、空の色をいつも観察していて、「今日は紫色だな」とか言っていたり…。実験はかなり難しいことをやっていました。大きな研究費がなくても一生懸命工夫していたのです。私も実験装置の重要部分は自分でつくりましたので、三田助手に手取り足取り教えてもらいました。

実験装置をコントロールする電気回路などは、当時は自分でつくるのが当たり前でした。『トランジスタ技術』という月刊誌に出ているいろいろな部品の広告をチェックして、秋葉原で部品を買ってパソコンを組み立てて、それで実験装置を自動制御させるといったこともしました。徹夜で実験をしている間に、機械が自動でデータを取れるような装置をつくったのです。いまなら製品になったものを買おうと思うかもしれませんが、当時は全部自分でつくるのが当たり前だと思っていました。既製品を買うと何百万円もするので、部品を買って組み立てたのです。それでも一〇万円ぐらい部品代が必要でした。それを校費（大学の経費）で買えるよう交渉するために、秋葉原のお店に一週間通い詰めたりしました。校費の支払いの仕方は特殊で、どのお店でも簡単に対応してくれるわけではなかったのです。

ところが、三田助手は、私が博士一年を終わったころに退職することになりました。仙台の郊外で農園をはじめたいというのです。三田さんは現在、有機農業で成功されています。三年近くお世話になり、いろいろな実験を一緒にやってきた先輩が急にいなくなったのです。

長澤先生からは「君が代わりに助手をやってくれ」と言われました。当時はどの研究室もオーバードクターと言って、博士取得後にポスト待ちをしている若手がたくさんいましたので、在学中に助手になるというのは珍しいことでした。しかし、私は、先に述べたように、早く外に出てみたい、海外の研究施設や、民間企業のもっと先端的な研究所に行ってみたい、ということを考えていましたから、お断りしようとしましたが、結局、助手を引き受けました。助手を務めながら、論文博士として理学博士の学位を取りました。

「廃棄物集め」からスタートした研究

そのころは、やろうとしている研究の規模に対して、まったく研究費が足りていませんでした。当時、校費として大学から配分される研究費は研究室当たり年間二〇〇万円ぐらいありました。いまはもっと減ってしまっているのですが、当時でも、これだけでは実験を行うための環境を整えるには全く足りませんでした。

校費以外にも、例えば、文部省（当時）の科学研究費補助金（科研費）などに応募して、学外から研究資金を獲得する方法があります。もちろん、これはほかの研究者との競争になりますから、こうした研究資金を競争的外部資金と呼んでいます。首尾よく研究資金を獲得できれば良いのですが、獲得できなければほとんど何もできません。資金を得ても十分足りるわけではなく、実験装置をそろえるには工夫が必要でした。ほかのグループが廃棄したものを修理して活用したり、部品を取り出して使ったりすることは大変重要だったのです。

その当時、理学部では、ちょうど小柴昌俊先生(2)が、後にノーベル物理学賞の受賞につながるカミオカンデの実験をはじめていました。それは、科研費をベースにした建設費用五億円ほどのプロジェクトでしたが、私たちのグループが研究装置に使える資金はそれより何桁も少なくて、年間一〇〇万円程度の規模でした。

ちなみに、カミオカンデの次の世代にあたる実験装置がスーパーカミオカンデです。この装置を使った研究で梶田隆章先生が二〇一五年のノーベル物理学賞を受賞したのは記憶に新しいところです。梶田先生は大学院で私の一学年下ですから、ちょうどこのころ、陽子崩壊の実験（ノーベル賞の受賞理由となった研究をはじめるきっかけをつくった実験）をはじめておられたことになります。

(2) 小柴昌俊（こしば・まさとし）：一九二六年生まれの物理学者・天文学者。東京大学特別栄誉教授・名誉教授。カミオカンデによるニュートリノの観測により、二〇〇二年ノーベル物理学賞を受賞した。

ところで当時は、分野によっては、実験手法のトレンドが大きく変わり、以前のテーマで使っていた装置群をそっくり入れ替えるようなことがあると、不要となった従来の装置を廃棄することがありました。そこで、私たちは、理学部の中庭の廃棄物集積コーナーに実験装置が捨てられるのを、いつも注目していました。雨が降る前に拾うことが肝心でした。中庭に用済みの装置が廃棄されたらしいと聞くと、研究室のみんなで「わっ」と駆け付けたりしました。

実験装置をつくる際に金属の部品は、自分でフライス盤や旋盤を使って工作をします。光の実験なのでレーザー用のミラーを調整するために、ミラーマウントと呼ばれる光学部品をつくるのですが、できあがると、それに意味もなく穴が空いているところがあるのです。なぜかというと、その板を買うお金がなくて、中庭に捨てられていた板を拾って、それを工作室で成形したからです。だから、空ける必要のないところに穴が空いていたりするのでした。そのようなものを使って、ほとんど手づくりで実験を続けていました。

それでも五年間助手をやっている間に、こつこつと科研費などを獲得して、研究費の総額は三〇〇〇万円くらいになりました。そこまでになるのはなかなか大変でした。

研究室の立ち上げ──まずは掃除から

私は、五年半の助手生活を経て、一九八八年一二月に東大工学部物理工学科に講師として着任し、自分の研究室を立ち上げることになりました。私の実験テーマに近い分野の理論研究で世界的なリーダーとして活躍されていた花村榮一先生が誘ってくださったのです。そのときの物理工学科は、ちょうど高温超伝導体の発見が話題になっていたころでした。小柴先生が超新星爆発によるニュートリノを検出したのと、田中昭二先生たちが高温超伝導を発見したのは、ほとんど同じ時期だったのです。

物理工学科は、工学とはついていますが、もともと多くの物理学出身の教員が立ち上げた学科です。例えば主要な研究分野のひとつであるエレクトロニクスを研究する場合などは、量子力学などのかなり先端的な物理学を必要としていたのです。

実は、日本で現代物理学の基本である量子力学の講義を正規の科目として最初に実施したのは、東大工学部物理工学科であると言われています。物理工学科の教育システムは、とてもシステマチックに組まれており、いまでも素晴らしいシステムだと思っています。

また、物理工学科は物理数学の構築にも貢献しています。世界に通用する物理数学の体系をつくったのは、東大工学部物理工学科のグループだったのです。流体力学や飛行工学などの分野で、数学と物理について深い理解を持った人材を育ててきました。

さて、現在の物理工学科は、多くの研究資金を獲得していますが、当時はまったくと言っていいくらい余裕がない状態でした。

講師として着任したときに、ある部屋に案内され、「ここを研究室として使ってください」と言われました。今では笑い話ですが、当時私が指導をしていた秋山英文さんという大学院生に、理学部から工学部への引っ越しを手伝ってもらったのですが、荷物を運び込むとき、はじめてその部屋を見た彼が、顔を真っ赤にして漏らした名言がいまでも忘れられません。「若者の夢を奪う」と。

その部屋は、私の前に使っていた教員が残していったいろいろなものがそのまま置いてあり、床もゴミが散乱していました。冷蔵庫には前の研究室の方々が残した二年前の日付の入った焼きそばパンが入っていました。お世辞にも、きれいな環境で新しい若手の教員を迎える、という体制にはなっていませんでした。

しかし、物理工学科の教員の方々は、私を迎えるときに「とにかく自由にやって良い」と言ってくださり、これには大変励まされ、いまでも感謝しています。誘って下さった花村先生とは物理の研究の話や研究室の運営の仕方などいつでも相談してもらえました。花村先生はその後私が生涯の研究テーマとして挑戦することになる、半導体の励起子のボーズ・アインシュタイン凝縮についての理論で有名です。

ともあれ、まず不要なものを処分して、床を張り替え、壁をペンキで塗り直しました。窓が開いているとレーザーの実験ができないので塞ぎました。そして、換気扇とエアコンをつけたところで、最初に与えられた着任費用を使い切りました。

余談ですが、この「若者の夢を奪う」と言った秋山さんは、現在、東大物性研究所の教授です。今年度（執筆時の二〇一六年度）は特別に総長の仕事も補佐してもらっていて、より多くの若者が夢を持って研究するために、どんな環境を整えたらよいか、一緒に考えているところです。

私の研究室は、小講座制という、教授の研究室と助教授または講師の研究室がペアになっている講座でしたが、研究をする上では私は独立していました。私がいた講座の教授は清水富士夫先生といって、研究一筋の教員で、レーザー冷却（レーザーを使って原子を冷やす）の研究を日本で最初に行った方でした。

レーザー冷却は当時世界でも最先端の研究テーマで、レーザー科学の世界トップの研究者が野心的な研究を行っていました。清水先生はその世界のトップリーグの一角で、分野をリードしていました。この研究分野はその後多数のノーベル物理学賞受賞者を輩出するのですが、それらの研究者が頻繁に来訪され、日常的に出入りしていました。私も大変刺激を受けました。スティーブン・チュー、ジョン・ホール、といったノーベル賞受賞者たちと少人数の研究会を開くなど、交流はいまでも続いています。

当時、清水先生の研究室の学部四年生が、卒業論文発表が終わった後の春休みに私の研究室に来てくれて、掃除まで手伝ってくれたことをいまでも覚えています。ちょうど二月ごろのことです。この学生たちは、年度が明けると別の大学院に進学したり、就職をしたり、それぞれ別々の道に進むのですが、最後の大事な春休みを使って手伝ってくれたことをありがたく思いました。

また、私が着任したとき、修士二年で、ちょうど修士論文のための実験をやっていたのが香取秀俊先生です。いま光格子時計で一世を風靡している方です。彼もエレクトロニクス分野にとても強く、実験に必要な回路を自分でつくっていました。本当のプロでなければできないような大電流の制御回路なども見事に自作していました。修士二年でそういうことができるなんて、すごいなあと当時から思っていました。（香取先生と光格子時計についてはコラム01で詳しく解説します。）

新しい研究室の立ち上げは、いろいろな研究をゼロからはじめることになるので、これまでとは違ったこともやろうと思いました。そこで学位論文にまとめた研究を続けながら、いくつかの新しい研究をはじめました。そのときにはじめた研究で、アメリカのベル研究所(3)に出入りすることになるなど、さまざまなことを経験しました。幸運な出会いもありました。

ベル研究所での共同研究

海外の研究機関の研究者のコミュニティに入っていくときには、自分の研究内容が人を引き付けるかどうかももちろん重要ですが、その機関の研究者たちと関わりの深い人が身近にいると、それだけで入りやすくなります。私もそうしたコネクションをつくろうと、海外のいろいろな先生が日本に来るときに、自分が修士・博士論文で取り組んだ研究などを紹介して興味を持ってもらうよう努力しました。研究のディスカッションを通じて、友達というか、サポーターになってもらったのです。

日本に来たときに道案内をしてあげたりしながら友達になった先生の一人が、

(3) ベル研究所：一九二五年に米国で設立され、主に電気通信の基礎技術に関する研究を実施。トランジスタ、レーザー、情報理論など、現代の生活を支える技術を開発。ベル研究所での研究により七件のノーベル賞受賞。

ベル研究所で出張滞在研究をしているときに、講演をしないかと誘ってくれました。そこでの講演を聞いてくれたベル研究所の人たちのなかに、光量子関係の研究部門を率いていたリチャード・スラッシャー先生という量子光学分野の世界的リーダーがいて、これをきっかけにベル研究所へ研究発表などに誘ってもらえるようになったのです。

もし物理工学科で講師にならなければ、ベル研究所に研究員で行かせてもらうかという話もしていました。物理工学科でポストを得ることになったので、ベル研究所で長期間研究を行うことはありませんでしたが、一九九三〜九四年にかけて、三カ月ぐらいの滞在を何回も繰り返して共同研究を進めました。

当時は、ちょうどスラッシャー先生が研究テーマを大きく切り替え、微小な円盤状の半導体レーザーの研究を新しくはじめたころだったので、その新しいテーマに協力して取り組むことになりました。実は、彼らとは独立に、高分子の微小な球でレーザーをつくるという、とても近い研究を私たちが既にやっていたので、テーマの組合せがとても良かったのです。そのころ、私も東大で学生を研究室で指導するようになったので、ベル研究所での実験でデータが足りないところは、東大で測定するなどし、うまく協力して進めました。ベル研究所への一回当たりの滞在は短期間でしたが、かなり成果も出て、ベル研究所にもたくさんの友達ができました。何年か経って、現在東大工学系研究科教授の染谷隆夫さんがベル研究所に行くときに、そのときの人脈が生きました。

日本から来た人がそれなりに存在感のある仕事をして帰れば、そういう人からの紹介や人のつながりは、彼らも非常に信用するものです。彼らは自分の時間を最も大事にします。とても割り切っていて、話をする価値のない人とは時間を使わない、というスタンスの研究者もいます。英語ができる、できないとかいうことではなくて、コミットする意義のある人だということを認知しなければ付き合わない人もいるのです。

スラッシャー先生は、意義があると思ったので私を呼んでくれたのだと思いますが、その部下の人たちは、最初からそう思ってくれたとは限りません。やはりディスカッションをして、意義があると分かってもらわないと、例えば研究データを見せてくれない人もいました。

けれども価値ある相手だと思ってもらえれば、協力が早く進みます。そのために、いろいろな人とディスカッションすることを通じて研究協力の下地をつくるのです。これは相手が国内、海外の研究者を問わず重要なことです。そのなかに染谷さんのように、後で一緒に仕事をする人も入ってくるわけです。

工学部から理学部へ

ここまで述べたように、私は博士課程の途中で理学部の助手を務めることになり、一九八五年に論文博士を取りました。八八年一二月に工学部物理工学科に講師として移り、そして九〇年に助教授、九八年に教授になりました。工学部には計一二年間在籍したことになります。

工学部で教授になってすぐに、工学部の予算委員長になりました。予算委員長は教授から選ぶことになっていたのですが、たまたま予算委員会のメンバーに教授がいなくなってしまったので、四一歳というかなり若い年齢ながら、委員長をやることになったのです。工学部長になる直前の小宮山宏先生とも、予算委員会でご一緒しました。小宮山先生は、その後、第二八代の東京大学総長を務められた方です。

当時はちょうど柏キャンパスができるころでした。工学部に関係の深いところでは、新領域創成科学研究科が新しく設置され、柏キャンパスに移る予定になっていましたが、その時点では、新領域創成科学研究科の教員たちは、まだ本郷キャンパスで工学部の建物に同居していました。とはいえ予算構造としては工学部と新領域創成科学研究科は別々なので、例えば光熱費の負担の仕方をどうするかなど、どうやってみんなが納得するかたちで経費を分担するか、というようなことを、工夫しながらやっていました。

その後、私自身もいろいろ大きな研究プロジェクトを行うことになったのですが、なるべく研究時間を確保しながらも予算委員長を続け、ほかの委員会の委員長になったことなども含めて、計一〇年ぐらい工学部の運営に関わりました。そして、二〇一〇年に、二二年間在籍した工学部を離れて、理学部に移ることになります。

そのとき、たまたま理学部の物理学教室で光関係の分野の教授の公募が行われていて、背中を押してくれる人がいました。基礎的な研究でやり残していることがあり、それにじっくり取り組みたいと思ったので、思い切って応募しました。加えて、東大でも、もっと学内の人の流動性が高まったほうが良いと私自身が考えていたのも、応募した理由のひとつでした。

そのころ、東大では三〇代か四〇代でポストを得ると、そのまま定年までそのポストにいることが多かったので、私のように、工学部で長年ポストを持っていた人が別の学部に移ると、大学内でも良い刺激になるのではと思ったのです。その後、理学部長になり、また総長を務めることになったのは、思わぬ展開ではありましたが。

研究スペースの確保

理学部に移るにあたっての問題は、工学部で使っていた大規模な研究施設をどうするか、ということでした。しかも、私の場合は、研究スペースを確保するために工学部が持っているスペースのなかから、さまざまな事情であまり使われていない場所を探しては、そこを整備して工夫しながら研究室にしていたので、引っ越しをしなければならない部屋がキャンパスに点在していました。

本郷キャンパスでは研究者がフルに活動しているので、研究をはじめるための環境が整った空きスペースはほとんどありません。そこで、何らかの理由でたまたま使われていない場所を探すことがポイントでした。新たな研究スペースを得るには、コンデンサーを格納していた地下の部屋を、お金をかけてクリーンルームにするとか、部屋の空調を整備して研究ができるスペースにするなどの工夫をしました。外部資金を獲得してそのための予算を確保し、さらにスペース使用料を工学部に払って、工学部の全体の運営にもプラスになるようにしました。

工学部では、そうした仕組みを自分自身で考え、導入しました。このようにして研究スペースを確保できるような仕組みにしなければ、あらかじめ割り当てられた研究スペースだけでは、とても大きな研究プロジェクトを進めることができなかったのです。東大は卓越した研究を行う教員がたくさんおり、国家プロジェクトのような大きな研究を請け負うことも多いのですが、十分な研究スペースがなければ、せっかく予算がついても身動きが取れなくなります。ですから世界と競争をするためには、そういう文化を定着させていかないといけないと考えていました。

昔は、数億円規模の大きな予算の研究プロジェクトの遂行は、大学ではなく、電総研(4)や理化学研究所などの研究所の役割でした。それが、一九九五年に議員立法で制定された科学技術基本法に基づいて、科学技術基本計画が策定されるようになってからは、競争的な資金による大きなプロジェクトについて、オープンなかたちで公募が行われるように政策転換がなされました。

その結果、東大にはやはり優れた教員がたくさんいたので、大規模な外部資金が多数入るようになりました。ところが、先ほど述べたように、大きな予算を受け取っても、十分な研究スペースを確保できるとは限りません。本来は、組織として貸しラボラトリーのようなスペースを確保して、それを戦略的に運用するような工夫が必要ですが、都心に立地する東大には、そのようなスペースを確保で

(4) 電総研：電子技術総合研究所、現在の産業技術総合研究所。

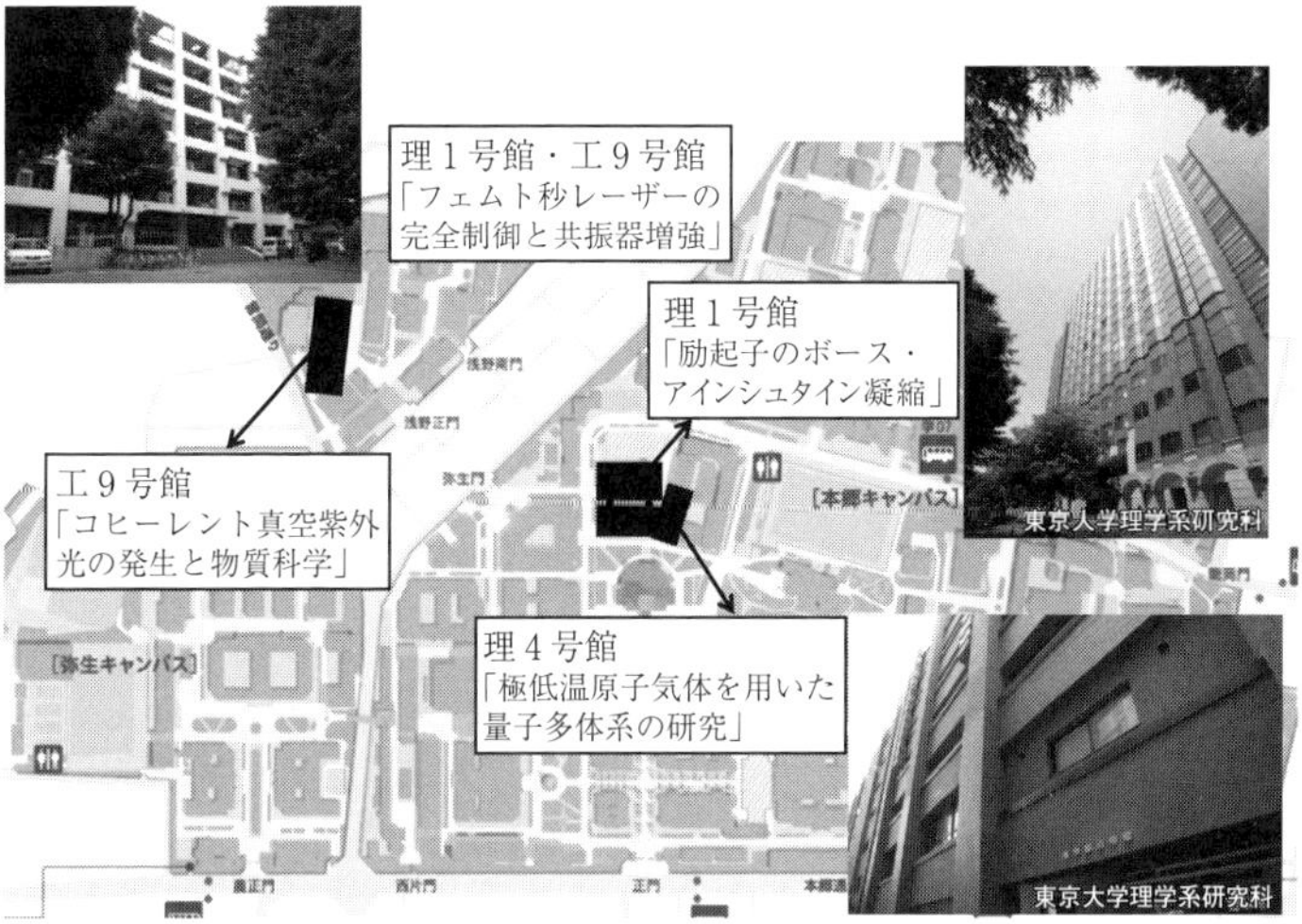

図2.1　本郷キャンパス内の五神研究室分布図

きる余裕はいまも昔もありません。

結局工学部から理学部に移るときにも、先ほど述べたような手法を活用してスペースを確保し、かなりの装置を大移動しました（図2.1）。このため、引っ越しにはかなりの費用がかかりました。荷造りした箱の数は、たぶん二〇〇〇箱ぐらいあったのではないでしょうか。外国人の研究仲間からは、「二〇〇メートルぐらいの移動なら、いま工学部で使っているエリアを今度からは理学部のエリアだということにして、学部の境界線を引き直したほうが効率が良いのではないか」とも言われました。

動いてみて分かったこと

それでも、動くこと自体は、結果的にはやはり研究テーマについて、新たな観点で新しいことをはじめる良いきっかけになります。それから、引っ越しをすると荷物を整理することになりますから、スペースを有効に使うことにもつながります。そういう意味で移動を支援するようなサポートを組織として行うことは、実は大事なのだと思います。実際には、予算がネックになって動けないという教員も少なくないと思うからです。

また、動いてみて気付いた重要なことがありました。

理学部には助手まで在籍していたので、理学部の運営の仕組みはよく分かっていました。その後、工学部にも二二年間いたので、工学部の仕組みにも慣れました。そのため、理と工でローカル・ルールがずいぶんと違うということを実感したのです。例えば、ある事柄の意思決定をどの会議で行っているのか、あるいは、一方では、教員が決めていた事柄を、他方では事務職員が決めていたとか、いろいろな違いが見えてきました。

そのなかで、教員たちの時間はもっと有効に使えるはずだということを確信しました。それぞれにローカル・ルールがありますが、本当に教員が考えるべきことは、理学部でも工学部でも教員が行っていました。つまり、この共通する部分以外は事務職員に任せてよいことであり、そういうことがらが実はたくさんあるということです。

このような方向で事務体制をきちんと見直すことで、教員にとって一番大事な研究教育のために使う時間を優先確保することができます。ひとつの部局にしかいないと、その部局のやり方に慣れて、ほかのやり方に思いを巡らすことが少なくなります。これに対し、理学部と工学部の両方に所属したことで、運営の仕方も多様であることを多少なりとも実感できたことは、いま総長として非常に役に立っています。そういう意味では動いて良かったなと考えています。

さて、理学部に戻って、やり残した研究や、学生時代からのライフワークを完成させたいという思いがありました。物理教室に移って、新しいスペースを得て、そこに工学部から装置を運び込み、学生たちとまたゼロから研究体制を立ち上げました。

理学部と工学部で研究内容は変わらなかったのですが、学生のマインドはそれぞれ特徴があって、まるで違います。これがまた結構面白かったのです。いまも理学部の非常に幅の広い学生たち——能力も高く、興味の幅も広い——を相手に、研究をやっています。

理学部に戻ってから、新しい研究テーマをたくさん仕掛けました。最近になって、ようやく本格的なデータが出はじめて、それもかなりのレベルの結果が出てきているので、総長の仕事はいったん横に置いて、研究や論文執筆に没頭したいというのが、実は本心でもあります。

研究支援のあり方を改革

私自身が修士のときに見つけたアイデアやその成果は、世界で最初の発見だと思っていました。ところが、世界に打って出る方法や、そのためにどのような研究体制を整備しなければならないかは、当時はまるで分かりませんでした。

ただ、いまから思えば、ゼロから試行錯誤を重ねて自分で開拓したので、研究者としてはロスがあったかもしれませんが、研究のマネジメントを考えるための実体験としては得るものが多かった気がします。いつ研究を加速しなければならないかとか、若い研究者をどうサポートすればよいかとか、そういう勘所が分かるようになりました。適切な後押しをすると、若い研究者は、もっとぐっと前に進めるのだ、ということが実感できたのです。

やはり、タイムリーにきちんとしたサポートを若い研究者にしていかないと、彼／彼女らを世界で戦わせるのは大変です。私自身の経験を通じて、それが生易しいことではないということが分かる一方、日本人でももちろんできる、そして私たちならできるはずだと確信しました。ただし、そのためにはやり方を工夫する必要があるとも思いました。

例えば、研究室を立ち上げるときに、私のように中庭の廃棄物置き場で使える機材を探さないとならない状況はよくありません。海外の一流大学では、研究室の立ち上げ資金として一億円くらいサポートする場合があると聞いていますが、その規模の研究費を優秀な若手研究者に配分するなどの積極的な支援を行わないと、世界と戦える陣容を揃えることはできません。世界を相手に戦う大学における若手研究者の支援について、リアルなイメージをこうした経験を通じて描くことができました。

それから、所属するグループも重要です。二二年間在籍した工学部物理工学科は、私にとって非常に理想的な学科でした。教授が一二、三人いましたが、みんな非常に魅力的でレベルの高い研究を行っていました。また、会議などではこうした教授が合理的な議論をしていて、例えば私のように新しく入ってきた人の提案も、内容が良ければすっと通るのです。学科の執行部とそれ以外の教員との役割分担も明確でした。役割分担がはっきりしているため、教員は研究教育の時間をしっかり確保できるという理想的な環境でした。

物理工学科時代には、同僚の十倉好紀先生、永長直人先生や宮野健次郎先生らと、学科として提案するような、大きな規模のプロジェクトの予算を次々と獲得しました。大きな研究プロジェクトの予算を獲得できたときの良いことのひとつは、新しく雇用した若手の研究者に、ある程度まとまったスタートアップ（研究体制の構築など）の支援経費を出せることです。ただし、これは、みんなが予算を使って研究活動を充実させたいと思っているなかで、特定の人により多く予算を配分することにもなるため、研究グループ内での信頼関係が築けていることが前提として必要です。

私が物理工学科の学科長を務めていたとき、毎年学部から配分される予算に加えて、いくつかの学科に大型の予算が付いたことがありました。当時、ちょうど若手の有望株だった古澤明先生と香取秀俊先生が研究室を立ち上げるときで、私はこの二人にスタートアップ支援として集中的に資金を配分しました。所属している教員に均等に配分するという方法も考えられましたが、私たちの場合は、研究分野の将来を担う優秀な若手で、研究の立ち上げ資金を必要としている人のところに集中投資をするべきだ、と判断したのです。この資金で彼らは研究の立ち上げをずいぶん加速することができたと思います。

このように、私たちはどのようなタイミングで誰にどんな支援をするのが最も効果的かを考えることが大切だという考えがグループ内で共有できていました。金額の平等さを最重要視すると、予算をみんなで頭割りすることになります。もちろん、少しでも研究費が増えることはみんなにとってありがたいのですが、その投資効果は大きくないかもしれません。投資には、めりはりがとても重要です。このような学科長の考えに対して、当時、誰も反対しませんでした。ただし、これはどんな組織でも簡単にできることではなく、先ほど述べたような信頼関係があってこそ実現できることです。

人を採用するときには、こうした研究支援についての議論を十分に行い、みんなが納得した上で話を進めていくことが重要です。若くてこれからだという人に集中的にお金を配分することは、人事を検討する段階から議論しておくべきなのです。

総長を務めようと思った動機

私は助教授のころから一貫して、ひとつの研究室を運営してきました。マンツーマンで卒業論文、修士論文や博士論文を指導して、延べ一〇〇人ぐらいの学生を卒業させてきました。卒業生にはアカデミアに残っている人もいれば、産業界にいる人もいます。

そういう卒業生と、卒業後も定期的にOB／OG会や合宿、あるいは忘年会などで会い、近況を聞いています。彼／彼女らは非常に優秀で社会で存分に活躍しているわけですが、彼／彼女らの能力を最もよく知る身としては、産業構造や社会システムが大きく変わるなかで、もっとその潜在力を活かせる方法があるのではないかと感じることがあります。

私がいた物理工学科は応用物理系でしたので、卒業生にはエレクトロニクスなどの知識を持って、産業界に進む人が比較的多くいました。彼／彼女らが持つ能力は、産業構造が変わるなかで、いままさに時代が求めている能力です。詳しくは第4章で述べますが、すでに産業界で活躍している人材も、新しい産業やビジネスを創出するという観点で、より適材適所な活用ができれば、企業のさらなる成長や、日本経済の発展に寄与するのではないかと感じています。さらに、働き方に関する考え方も現代化させて、人材が組織間で流動しやすくなるような環境をつくれば、彼／彼女らの力をもっと引き出せるかもしれません。こうした社会環境を、産業界と一緒に協力し合いながらつくっていくことも大学の役割だと考えています。そういう意味で、大学改革は極めて重要だと思います。

日本の安定した経済成長を実現するという点で、大学と産業界が活動をオーバーラップさせて新しい価値をつくっていくことはとても大事だと私は考えています。第4章で詳しく述べますが、そのオーバーラップの取組みとして、東大が真っ先にいくつかの大企業と組織レベルで連携したのは、卒業生の進路分布を見たときに、やはり多くの東大生が就職しているのは大企業だったからです。

私は三〇年間の教員生活のなかで、彼／彼女らをひとりひとり、丁寧に育ててきました。ほかの教員もそうだと思います。こうした卒業生が多数就職している企業とは、信頼関係を築くベースがすでにできていると思いますし、企業と組織対組織で連携を強めることを通じて、その企業で働いている卒業生の価値をさらに高めるきっかけがつくれるのではないかと考えました。卒業生が持てる力を存分に発揮できる環境を産業界と一緒につくっていきたい。そのことが、総長というポジションに就くことの大きな動機になっていました。

個々人の持っている能力を効果的に引き出すという観点で、日本の雇用システムのあり方について考えることも重要だと思っています。例えば、ジョブ型雇用とメンバーシップ型雇用の違いが最近よく指摘されます。これまで日本は、メンバーシップ型雇用で強みを発揮してきたとされています。戦後の復興と高度経済成長期のように、経済成長に向けたロードマップがはっきりしているときは、メンバーシップ型雇用は極めて効果的だったのでしょう。

けれども、経済のグローバル化が加速し、価値創造の方法論やスタイルが大きく変わるなかで、はたしてメンバーシップ型雇用が最善のモデルなのかどうか、改良すべき点はあるだろうか、ということがいま問い直されています。とくに、新しい価値をつくる最前線に立つ人たちには、専門性を活かしながら働く組織を変えていく、ジョブ型雇用のほうが有効かもしれません。

どのようなかたちが最終的に良いかは分からないとしても、現状では、メンバーシップ型の雇用の考え方が、卒業生たちの活動を抑えている側面があると感じています。それを例えば大学のような公的な場を活動のプラットフォームとして提供することで、打開することはできないかと考えています。人が動いたり、あるいは動かないまでも、違う分野の人たちと協働作業をしたりすることで、新しい価値をつくり、それをまた自分の会社に持ち帰る。あるいは、違う会社と連携してさらなる価値創造に繋げていく。そんなことができるような場をつくれば、彼／彼女らの能力をもっと活かすことができるはずです。

卒業生が企業と大学の間を行ったり来たりする、あるいは大学を活用して活動を展開する、そのようなことが活発に行われる場に、大学はなる必要があります。もちろん、そういう場は大学以外にもできるかもしれません。例えば、企業同士の連携もあるでしょう。ただ、いままでの産業構造から見れば、非常に異なる業種の間での連携、例えば機械とケミカル、あるいは製薬との連携がこれからは重要になるので、そうした連携を活発化させていくためにも大学という場は適していると考えます。大学という場を活用することを通じて、社会に輩出された優秀な人材をもっと活性化させることが可能ではないでしょうか。

これに、人脈の広い東大が率先して取り組むことに意味があると考えています。

column 01

光の研究と国際交流

光格子時計（写真）で有名な香取秀俊さんは、私が物理工学科に移ったときに、ちょうど修士論文を書こうとして実験をやっている最中で、すごく腕のいい学生がいるなと思って見ていました。

後の一九九七年、私は新技術開発事業団（現：科学技術振興機構（JST））のERATOプロジェクト（注）の研究統括に選ばれ、「五神協同励起プロジェクト」を主宰することになりました。このプロジェクトでは、光を使って物質にマクロな量子現象を発現させ、その基礎科学と応用を追求することを目的としていました。四つのグループを設定しましたが、香取さんをその中心となる基礎グループのリーダーに抜擢し、溝の口にある神奈川サイエンスパークに新しいラボをスタートさせました。

香取さんには新しいレーザー冷却の手法を用いて、常温の原子集団を三〇〇ミリ秒で一気にマイクロケルビン以下に冷却し、捕獲するという全く新しい手法の開拓を任せました。卓抜な技術とアイディア、そしてチームワークで、一年ほどでその技術に目途が立ちました。この技術は、量子現象探索のツールとして強力でしたが、同時に、光の周波数を精密に制御する技術、すなわち原子時計としても高いポテンシャルを持っていたのです。香取さんはこのことにいち早く気がつき、光格子時計のアイディアを発表されました。当時のERATOプロジェクトでは、研究の進め方は統括に一任されていましたので、私は迷うことなく光格子時計の研究にスイッチすることにしました。

いま香取さんは、一秒という時間の標準を決める新しい技術を発展させ、大ブレイクしています。現在、世界中で使われている秒の定義は、一九六七年に決められたもので、すでに五〇年ほどたっています。テクノロジーの発展からすれば、より精度の良い定義に変えなければならないのですが、どのように定義するかというときに、香取さんが提案した光格子時計がクローズアップされているのです。それが世界標準になる可能性がもっとも高いと言われています。それが秒の標準になれば、わが国にとって極めて大きなインパクトがあります。

写真　光格子時計

私がもともとやっていた研究は、結晶はなぜ光るのかとか、ガラスがなぜ透明なのかというものでした。これとは少し違う研究をなぜERATOではじめたかと言えば、工学部に移ったときに所属した講座で教授を務めていた清水富士夫先生の研究室でそういう分野の研究をしていたからです。非常に先進的で、当時は日本で唯一に近い研究でした。私はこれをもともと行っていた物質の研究と融合させたいと考えたのです。

その光量子科学の研究分野は、例えば原子をレーザーで冷却するという研究なのですが、一九九〇年から二〇〇〇年代にかけて、この分野からたくさんのノーベル賞受賞者が出ました。実に一六人です。後に米国エネルギー省の長官を務めたスティーブン・チュー（Steven Chu）もその分野の研究者で、彼はその実験に初めて成功したころから、東大にもよく出入りしていました。おかげで私も彼と親しく付き合うことができました。そういう世界のトップの研究者コミュニティに入ることができたというのは、私にとって非常に大きなチャンスでした。

二〇〇三年八月にこの分野の第九回日米セミナーが日本で開催されました。この合同セミナーは、三年に一回ずつ定期的に日本とアメリカの研究者が集まって、だいたい四〇名ぐらいでディスカッションをするというもので、いまでも続いています。第九回は私がオーガナイザーになって、日本の八ヶ岳でやりました。そのときに、チューーさんも来日されています。

チューーさんはこの会議より前に（一九九七年）、すでにノーベル賞を受賞していました。さらに、ジョン・ホール（J. L. Hall）先生が二〇〇五年に、アロシュ（S. Haroche）先生が二〇一二年にノーベル賞を受賞されています。ほかにもこれからノーベル賞を取れそうな人がこのコミュニティにたくさんいるのです。このように、日米の研究者が中心になって、四〇年近くも世界トップの研究者同士の交流が続いています。

そのきっかけになったのは、先に触れた霜田光一先生が、レーザーを発明したタウンズ先生（C. H. Townes、つい最近亡くなられました）と、戦後ずっと交流を続けていたことです。タウンズ先生は、レーザーの発明より前になりますが、一九五六年に東大の物理教室に滞在して研究をされました。一九六四年にノーベル賞を受賞されています。また、一九八一年にレーザー分光学への貢献でノーベル賞を受賞されたブレンベルゲン先生（N. Bloembergen）も、それ以前に東大物理教室に滞在しています。

そういう人脈があったので、しばしばノーベル賞級のアメリカの研究者たちが日常的に研究室に来ていたのです。ジョン・ホール先生は、いまでも定期的に東大の学生を励ますため、講演に来てくれています。

（注）一九八一年に発足。現在は戦略的創造研究推進事業総括実施型研究（ＥＲＡＴＯ）。一プロジェクトあたりの期間は約五年。これまで一〇〇以上のプロジェクトを実施（二〇一六年度現在）。過去に実施されたこれらのプロジェクトの研究総括には野依良治博士（二〇〇一年ノーベル化学賞受賞）らがいる。

column 02

学生を育てる・伸ばす面白さ

毎年春に、自宅へ研究室の学生や卒業生、プロジェクトのメンバーを呼んで、「春の宴」と称してバーベキューパーティーを開催しています。私は場所と材料だけ用意して、後は学生たちにやらせるのですが、最近は、バーベキューなんかやったことがない学生たちも多いわけです。

そういうときにどう立ち回っているかとか、ほかの人とうまく連携できるかとか、段取りが良いとか悪いとか、そういう様子が結構面白くて、いつも見ています。気の利いている学生とそうでない学生がいるわけです。それぞれの特性に応じて活躍してもらうため、教員にとって、こうした学生の観察は大事です。

複数の人数のグループで何かをやらなければならないときに、リーダーシップを取れる人もいますが、逆に、そういうのにまったく向かない人もいます。そのような人に、例えば何十人もの研究室の忘年会のマネジメントをさせるというのは結構しんどいでしょう。それでもやらせるような場合には、必ずきちんと助教や上級生に「あの子は苦手そうだからちょっとサポートしてあげて」と声を掛けておく必要があります。それで破綻せずうまく進められれば、その人にとっては大きな成功体験となります。

個性を生かすことが、その人をサポートする際にヒントとなります。私は指導する学生たちと、メールによる「週報」をやりとりして、個々の週報に対するコメントも全員に見えるように書いて返事をしています。このように一人ひとりと丁寧に議論をして、学生を伸ばすように努めてきました。学生にとってこれは面倒くさい話だったかもしれません。むしろ先生の自己満足だと思っているかもしれない。

けれども、教員はいろいろな時間的制約もあるなかで、学生に何が起こっているかはやはり把握しておかなければなりません。助言すればさっと解決するものが、ぐるぐる空回りしているとしたら、多少はそういう経験も良いのですけれど、それればかりでは学生にとって大学に来ている意味がありません。

週報のような記録をその都度電子媒体で残すという習慣は、たぶん現代的には、学生の指導としては重要だと思います。というのも、どんなかたちでも電子媒体になっていれば、三年前、四年前のものでも検索で探すことができるからです。きっと学生の将来の人生にとってプラスになるデータが取れるに違いないと思ったので、それをやらせています。嫌だという人はやらなくてもいいし、面倒くさがりで月に一回ぐらいしか出さない人がいてもいいと思って続けています。

学生が私からのコメントの長さを競争しようとしたこともあります。コメントの長さは、こちらの学生に対する関心と必ずしも一致しないのですが、そういうものをめぐって学生間に競争心が芽生えた時期もありました。

学生が卒業した後でも、実験ノートは全部研究室に保存しています。ノートのおかげでこのデータはどういう経緯だったのか、たどることができます。万が一、研究不正のような問題が起こったときにも、対応が可能となります。

実験ノートは研究室へ永久保存だから置いていくものである、と学生には伝えてあります。けれども、清書する必要はなく、普通にそのまま置いておけばよいと言っています。もちろん、ノートは自分の財産でもあるから持って帰りたいという人には、全部コピーして製本してあげています。これまで「製本してほしい」と言った人は一人しかいませんが、その学生はいま国立大学の教員になっています。みんな「先生、大事に取っておいてください。私の手元になくてもいいです」と去っていきます。週報は全部データとして持っていて、いつでも見られるようにしています。◇

2部

東京大学総長として

第3章

大学を動かす——より良い社会を創るために

「東京大学ビジョン二〇二〇」

東大全体がいまこう動いている、しかし、本当はもっとこう動いたほうがいいのではないか、ということは、総長になる前から考えていました。全体の仕組みを工夫することで無駄を省いたり、より効果的な資源配分を行ったりするなど、考え方をちょっと変えるだけで、実はできることがたくさんあると思っています。

例えば、科学技術の発展に伴い、それを社会で活用できる高度人材を育成するという意味で大学の重要性が高まっているにもかかわらず、大学院への進学率は全国的にも伸び悩んでおり、東大でも博士進学率は減っています（図3.1）。大学院を強化するための取組みを文科省も行っていますが、それらのほとんどはプロジェクト・ベースであり、期限のついた施策です。かなりの額の資金が投入され

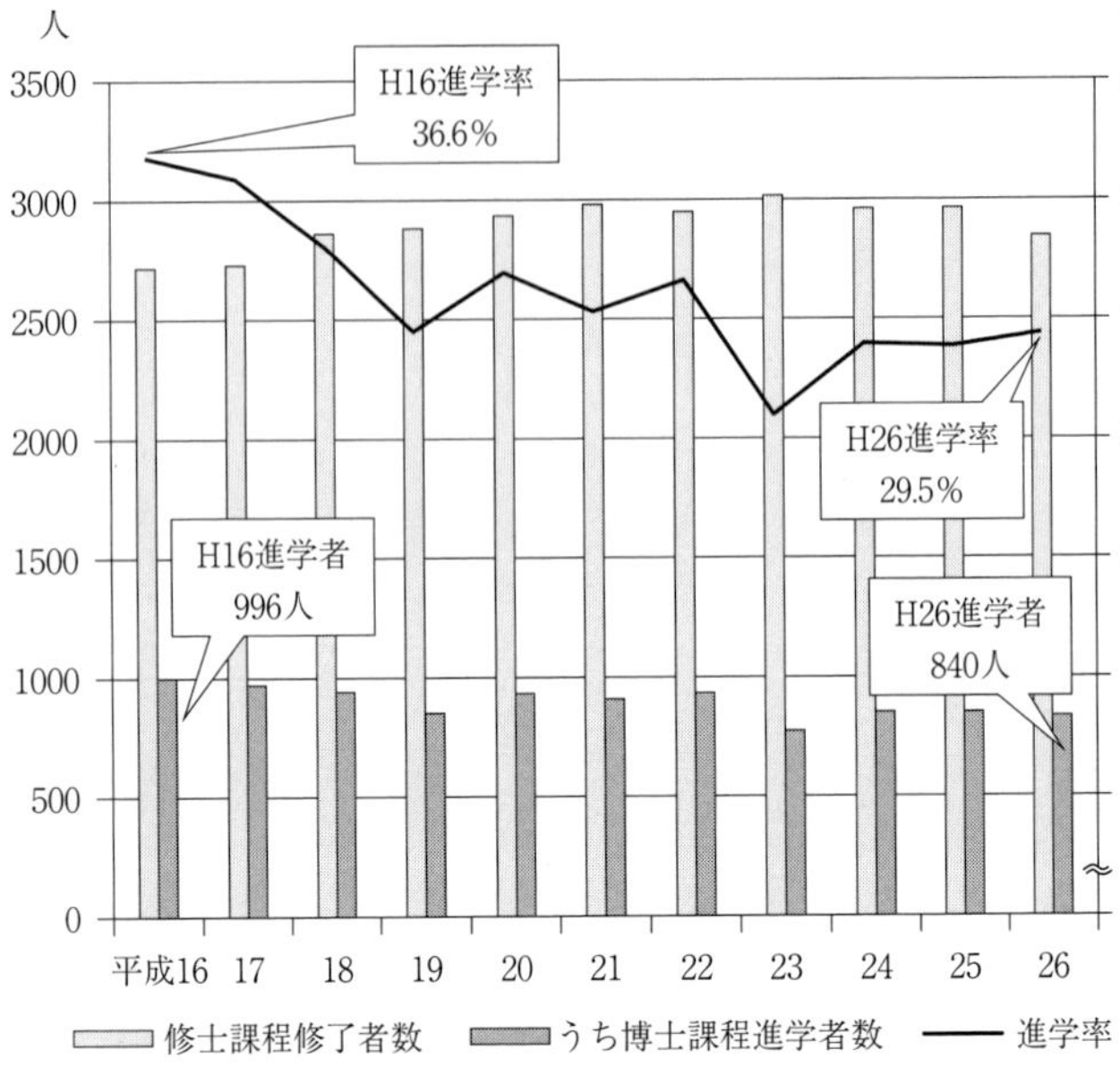

図 3.1　大学院改革の必要性
進学先は東大の博士課程に限らない。

ているのですが、数年間しか保証されていないので安定性が低く、このため学生にとっても大学院に行って博士号を取ろうとは考えにくいのだろうと思います。

東大もこうした文科省の支援を受けてさまざまな事業を展開していますが、例えば、大学全体で規模感を持って資源の配分を工夫することで優れた教育プログラムの安定性を確保するなど、大学としてもできることはあると思います。

また常々、若手研究者の雇用が不安定化している状況についても改善したいと思っていました。詳しくは後に述べますが、二〇〇四年の国立大学法人化以降、東大を含めた国立大学では若手研究者の任期付き雇用が増えています。

その背景には、法人化以降、大学運営の基盤を支える政府からの運営費交付金が、毎年削減される状況が続いていることがあります。運営費交付金の大部分は教職員の人件費に充てられますので、大学としては、運営費交付金が削減されるなか、教職員の雇用を定年まで保障するイメージを持つことができなくなり、若手研究者の安定雇用(任期なし)の採用数を減らすことで対応してきた面があるのです。

一方、東大では、法人化後に運営費交付金以外のさまざまな活動資金を積極的に活用した結果、全体の事業規模が拡大しています。事業の拡大には人員の充実が必要ですが、こうした活動資金は期限付きのプロジェクト・ベースのものが多かったこともあり、結果として任期付きの雇用が約一五〇〇人も増えました。

もちろん、特定の研究プロジェクトを実施するために期限を設けて研究者を雇用する、という方法自体は、大学内で多様な交流を生む良い仕掛けであると思います。しかし、任期付きの研究者のなかには、繰り返し任期付きで雇用されて、結果的に三〇年ぐらい勤める人もいます。その場合、そのときどきの雇用財源は異なるにしても、結果として三〇年分の給与を支給できたわけですから、発想を変えて、最初から任期なしのポストとして公募すれば、研究者にとって、より魅力のあるポストになりますし、優秀な人が集まりやすくなります。さらにこれを通じて若手研究者の安定したポストを多く用意することができれば、若者への応援メッセージにもなります。

このように、経営という観点で大学全体を見渡せば、今ある資金をもっと有効に活用することができます。大学全体の事業規模が拡大しているときにはそれを支える核となる人材をしっかりと確保していくことが大切ですから、こうした活用は極めて重要です。

私は二〇一五年一〇月に、総長の任期中の行動指針として「東京大学ビジョン二〇二〇」（図3.2、章末に全文掲載）を策定しました。

「東京大学ビジョン二〇二〇」では、東大が教育と研究という従来の機能を拡

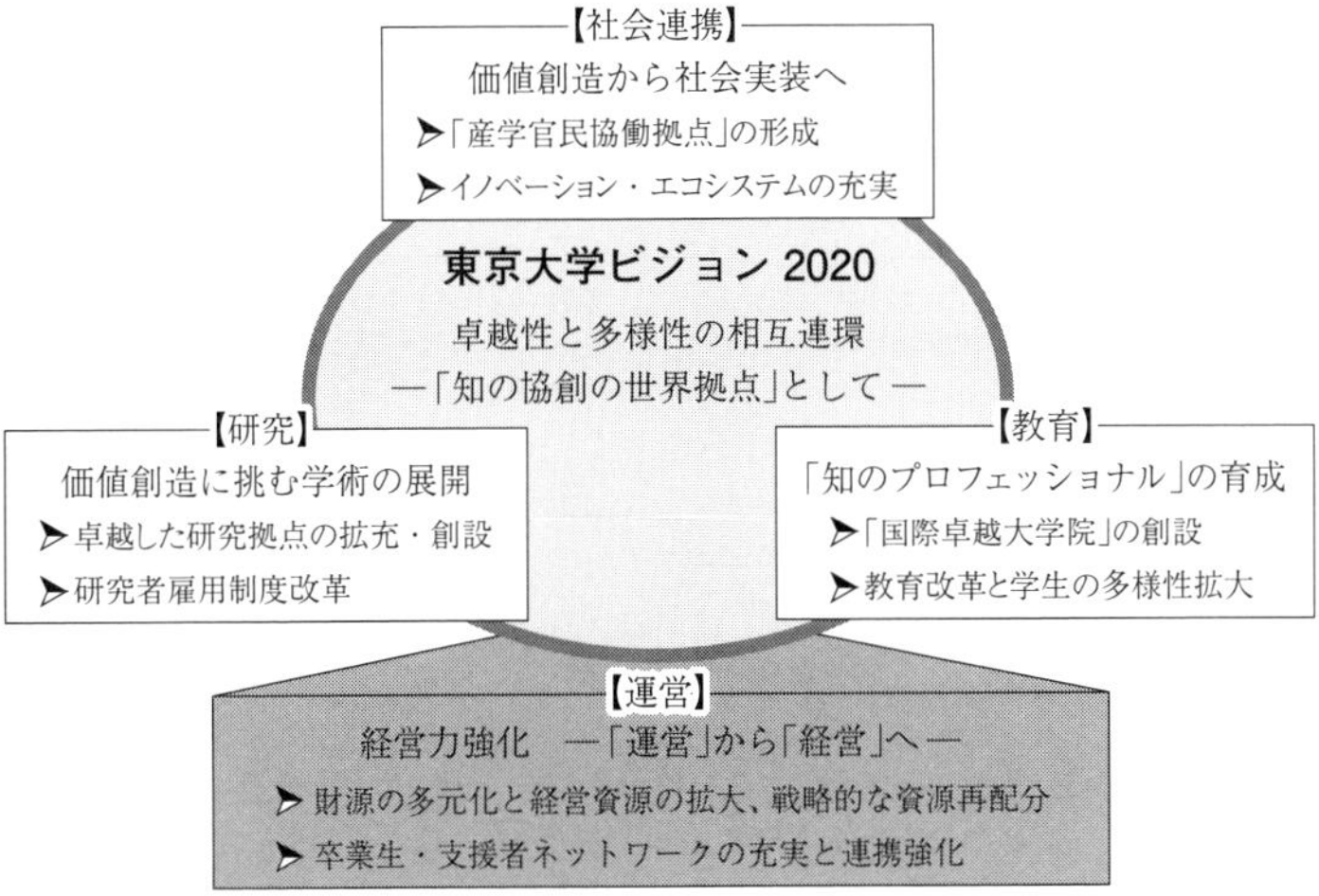
【社会連携】
価値創造から社会実装へ
➤「産学官民協働拠点」の形成
➤イノベーション・エコシステムの充実
東京大学ビジョン 2020
卓越性と多様性の相互連環
―「知の協創の世界拠点」として ―
【研究】
価値創造に挑む学術の展開
➤卓越した研究拠点の拡充・創設
➤研究者雇用制度改革
【教育】
「知のプロフェッショナル」の育成
➤「国際卓越大学院」の創設
➤教育改革と学生の多様性拡大
【運営】
経営力強化 ―「運営」から「経営」へ ―
➤財源の多元化と経営資源の拡大、戦略的な資源再配分
➤卒業生・支援者ネットワークの充実と連携強化

図 3.2 「東京大学ビジョン 2020」の理念

張し、より良い人類社会の未来の実現に向けて行動する「知の協創の世界拠点」としての使命を担うことを宣言しています。その基本理念として中心に据えたのは、「卓越性と多様性の相互連環」です。東京大学で展開されている学問の多様性を重視して、多様性の特長を存分に活用していきたいと考えています。

現在、国からの予算が減るなかで、国立大学の経営は厳しい状況に立たされています。だからと言って、大学の活動規模を縮小する方向の議論に陥ってしまうと、大学から新しい価値が生まれにくくなり、人類社会の未来をより良くすることに貢献できません。

私は総長に就任してすぐに、東大では、研究教育をますます発展させていくという意識をみんなに持ってもらい、その方向性でみんなが意欲的で活発に動ける仕組みをつくることが必要だと考えました。重要なことは、一〇年、二〇年先の世界像を描き、そのなかで日本はどういう貢献をすべきか、そのために東大をどう変えるべきかというビジョンを、学内で十分に共有することです。

その共有するビジョンとして策定したのが「東京大学ビジョン二〇二〇」です。共有することに重大な意味があるので、二六ある学部・研究科・研究所などの教授会全部を私自身が回って説明しました。こうして「ビジョン」をみんなで合意して定めたと位置付けて、いま改革を進めています。

これが良い、こういうやり方が正しいと思うことについて、そう思う理由をみんなに理解してもらった上で、実行していくのが、私の現在のやり方です。その際に最も重視しているのは、現場の教員が活動しやすい環境をつくることです。大学の活動の真の価値は研究教育の現場から生み出されると考えるからです。

本章では、「東京大学ビジョン二〇二〇」のなかでとくに重要な施策について、背景や要点を述べたいと思います。ただし、主に産学連携を中心とする社会連携については、第4章で詳しく議論することにします。

「知のプロフェッショナル」とは――教育

「東京大学ビジョン二〇二〇」において、教育については「知のプロフェッショナルの育成」を掲げています。「知のプロフェッショナル」とは、知を持って世界を舞台に人類社会に貢献する人たちを指しています。貢献の仕方はいろいろあると思うのですが、やはり新しい価値を追加することをもって、人類社会をより良くすることに貢献できる人物を東大で育てていきたいのです。

高度経済成長期には、どういうものを生産すればいいかなどのビジネスのモデルがある程度判明していました。その時期には、一〇年後、二〇年後の社会の姿がある程度想像できる状況のもとで、各人がそれぞれの専門性を究めていきながらその知識を展開する能力が求められたのです。

しかし、いまはもっと変化がスピードアップしています。ビジネスのかたちそのものが、五年後には変わってしまうかもしれないというほどです。このため、その場その場で的確な判断を行い新しい価値を創造することが求められ、それには、いままで以上に、本質を捉えた高い知力が必要です。しかも単に知力を使うだけでなく、それをベースに新しいものを創造していく力が、大学だけではなく、産業界や社会においても求められています。

その源になるのは、やはり基礎力であり、若いころに徹底的に鍛えておくことが重要です。大学では、そういうハード・トレーニングとともに、そうやって培った基礎力を元に新しいものを創造するトレーニングも必要です。研究とは、先人たちの蓄積を踏まえた上で過去にない新しいものを追加する作業ですので、実は、こうした知力を鍛える場として、大学での研究活動は非常に適しているのです。とくにさまざまな分野において多様で卓越した研究が行われている東大は、学生の教育の場としても非常にポテンシャルが高いのです。

入学式などで学生に向けてメッセージを述べるときにはよく、三つの基礎力を鍛えてほしいと言っています。「自ら新しい発想を生み出す力」、あきらめず「忍耐強く考え続ける力」、そして「自ら原理に立ち戻って考える力」です。加えて、人類社会に貢献するという意味で言えば、自分が何者であるかということを、人類社会という規模のなかで相対的に捉える視野が必要であるとも言っています。自分と違った人たちを尊重するという姿勢も身につけておく必要があります。そうでないと、人のために役に立つような活動はできません。東大では、そのような「知のプロフェッショナル」として、人生を全うできる人を育てたいと考えています。

「タフな東大生」

前東大総長の濱田純一先生は、総長在任中に学部教育の総合的改革を進められました。学事暦や学部教育のカリキュラムの改革が行われましたが、その目標として「タフな東大生の育成」を掲げられていました。

東大の学生の多くは才能や環境に恵まれていて、卒業後も日本では一定の水準で生活できるので、結果として、むしろ日本に閉じこもってしまうような傾向が高まっているかもしれません。そこで、濱田前総長は、海外留学などを通じて、自分とは異なる価値観を持った人々と触れ合い、知力に加えて人間力や国際的な力を鍛えることの重要さを強調されたのでしょう。私もそのとおりだと思います。経済活動は自由主義経済のなかでボーダーレスになっています。日本においても国際的な舞台で活躍する人材が求められているのです。

日本がどういう国であるかは、日本のなかだけにいたのでは分かりません。また、海外のことについても、毎日のニュースを見ていると何となく分かった気になってしまいますが、実は違うのだということを、学生には早めに体験してほしいと思います。

実際に海外に出てみれば、日本人はやはりマイノリティーなのだと実感すると思います。一方で、海外の人たちと比較することで、日本人がどういう能力や特性を持っているのかということも、理解しやすくなるはずです。東大の学生には、自分とは異なった価値観や背景を持った人たちと競争したり協力したりすることで、世界を舞台に人類社会に貢献するために必要な能力を鍛えてほしいと考えています。しかもそれをなるべく早めに体験できると良いでしょう。そのための大学の国際化は、きちんと進めていかなくてはなりません。

大学の国際化については、アジアをはじめ世界の各地域には、日本で勉強したいという学生も多くいるので、そういう人たちを受け入れる態勢を強化することも大事です。それにより、日本人の学生は、日本のキャンパスにいながら自分たちにとって異なる他者を理解するチャンスを得られます。こうしたキャンパスの国際化をますます進めていかなければなりません。

これらを効果的に加速していくための手段として、在学中に留学しやすくすることを目的とした新しい学事暦の導入や、学内外での国際的な学習機会の充実化などをはじめとして、東大ではさまざまな改革を進めています。その成果については今後、検証していきたいと考えています。

東大の学生には、世界を舞台に多様な人々と協力しながら人類社会に貢献する人になってほしいと考えています。そのために学生を鍛える手段として、教育を充実させることが重要ですが、ほかにも例えば、産業界との協力や、海外の大学とのパートナーシップのなかで学生を育てるという方法もあります。こうした具体的な取組みを着実に進めていかなければなりません。

重要なことは、まずビジョンを明確化して、そのもとでアクション・プランをみんなで考えながら組み上げていくという方向をとることです。そうすることで、教員は高い自由度のもとで、意欲を持って共通のゴールに向かって協調できるのではないかと思っています。

日本の世界に対する貢献

昨今、経済活動において、利益を上げることを最も重視して追求する最適化競争によって、人類社会全体が本当に良くなるのか、といった疑問を感じることがあります。なぜなら、日本の商業文化の伝統である「三方良し」に親しんでいるからです。これは、近江商人の伝統的な考え方を表す言葉で、「売り手」と「買い手」がともに満足し、また「世間」に対して貢献もできるのが良い商売であるという意味の言葉です。みんなを調和させながら経済が回るという、まさに経済

（経世済民）という言葉の理念を示していると思います。

いま、世界に目を向けてみると、資源の枯渇、地球環境破壊、地域間格差の拡大など、地球規模の課題が露わになってきています。こうした状況下で、市場の活動の自由を最重視する経済モデルを追いかけることが、必ずしも人類社会全体を豊かにするとは限らないのではないかと世界の多くの人が思いはじめており、資本主義という社会システムを改善することが、いまを生きる私たちの重要な課題だと思っています。

「三方良し」の伝統を有する日本は、この改善が目指すべき方向のより近くにいるのかもしれません。明治・大正・昭和の時代に、日本では社会システムをどのように構築したのか、日本で培った独自の知恵を世界にどう役立てられるのかという方向で、日本が有する蓄積を再確認することが必要だと思っています。もちろん、紆余曲折を経ていまのシステムになっていますので、その経緯や全容を簡単に理解することはできませんが、それでも、西洋、あるいはほかのアジア諸国の社会の良さと照らし合わせることで、日本がつくり上げてきたものの良さを提示できるのではないかと考えています。

もうひとつ、日本では長い歴史のなかで、知的な活動がずっと継承されてきたという事実が重要です。日本は島国であったために、知の体系が守られたという側面があります。もちろん、局所的には失われたものもありましたが、地域ごとにいろいろなものが残っていて、そういうものを千年、二千年スケールでたどることができるというのは、日本の強みではないでしょうか。

いまのように変化が急な社会において、明日のための判断を今日しなければならないというとき、変化の振れ幅が大きいために、判断が難しい場合があります。過去であれば長い時間をかけて起きたような大きな変化が、現代ではごく短期間に起きてしまうのです。そのときに、やはり長い歴史をきちんとロジカルにたどって比較できることは有利ですし、それを世界で同じような状況にある人たちに伝えることができれば、それは日本ならではの世界への貢献になります。

日本はそういう素材をたくさん持っているのではないでしょうか。東西の文明から受け止めてきたものを日本が保存し、創り上げた独自の価値があるように思えてなりません。

こうした価値を普遍化、共有化することで、みんなが幸福になるような道筋が見えるのではないかと考えています。われわれが持っている知を世界のなかで相対化して、どこに価値があるか、どこに強みがあるかということを見極め、それをどう世界に伝えるかを考えることが重要です。

逆に、日本自身の側では捉えきれていない価値を外から見つけ出して、対価を払ってそれを得ようとする海外の人も現れています。そういう人たちとの交流を、積極的に加速していくべきです。日本社会にどのような価値があり、他者はそれをどう認識しているかを見極めながら、その価値を高めていくための戦略性が必要だと思います。

こうした観点で大学の国際化を考えると、例えば留学生を集める際には、いま日本に来たい、日本で学びたいという外国人学生がどこにどのくらいいるのか、それは日本の大学に何を求める人たちかという分析が必要となります。

例えば中国では、厳しい受験競争のもとで、中国の超一流大学への進学のコースからは外れてしまったけれども、非常に優秀な人が数多くいます。その人たちがかわりに日本で良い教育を受けたいということで、日本語を習得した上で、日本に留学して来るのです。こうした人のなかには、外国学校卒業学生を対象とした東大の特別選考を受けて学部に入学する者がいます。このような学生の動向をよく把握した上で留学生を増やす戦略を立てることは、東大の国際化を考えたときに、重要なポイントになると考えています。

経済が待ったなしでグローバル化するとともに、情報通信技術をはじめとして高度な技術が急速に発達し、国境を越えてどんどん広がっています。こうした技術を上手にコントロールしながら人類社会に役立てるにはどうすればよいか、ということもいまの社会の重要な課題のひとつです。

日本は、東西の文明を融合しながら独自の知を培い、経済的に成長を遂げた国として、知に対して、独特の「気付き」を持っていると思います。その「気付き」を日本のモデルとしてそのまま外に押しつけるのではなく、良い部分をうまく使って、より良い世界をつくっていくことに貢献できるはずです。そのためには、日本の知的な活動を、いま以上に外に開いていくことが大事であり、東大生がもっと外に出ていくこと、外から東大で学びたいという人たちをもっと受け入れやすくすることが重要です。交流は双方向で活発化しなければなりません。

女性の活躍、女子学生増加に向けて ——運営①

研究のみならず教育においても多様性は重要です。最近の傾向として、東大の入学生が以前ほど多様でなくなってきているのではないかと心配してきました。実際、首都圏の特定の高校の卒業生の比率がかなり上がっています。先日、本学出身でノーベル賞を受賞したある先生も、東大も昔はいろいろな地方の高校から学生が集まってきたのが、今はよく知られている学校の学生でほとんど占められていて、多様性が落ちてきているのではないかと指摘されていました。

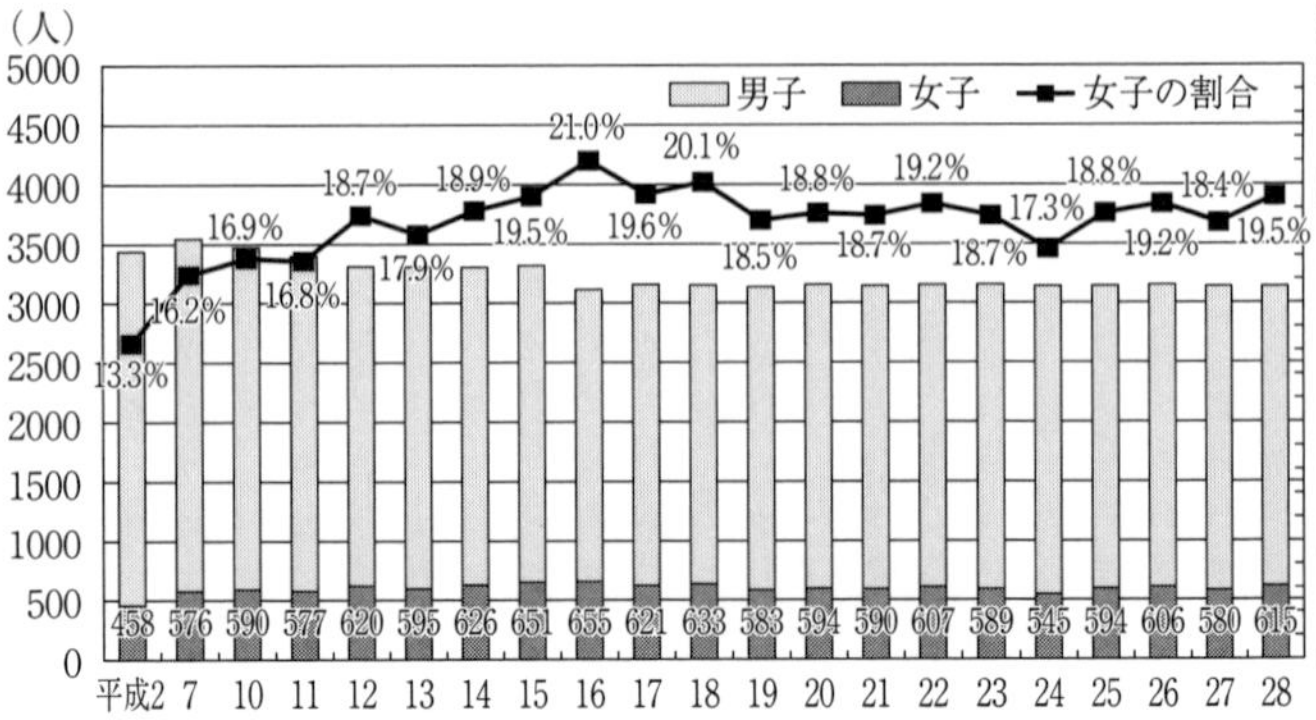

図 3.3　東京大学の女子入学者数と割合の年度推移（4 月入学者分）

とりわけ女子学生の場合は、学生全体に占める割合が高くない（図3.3）上に、地方からはなかなか東京大学に入学しにくいという状況があります。地方の優秀な理系の女子学生は、地元の大学の医学部に行ってしまう傾向があると聞いています。医学以外にも面白く興味を持ってもらえる分野はたくさんあるので、そういう女子学生が東大を受験しやすいようにしたいと考えています。しかし、高校まで地方で過ごした学生にとって、東京で暮らすのはいろいろな面で不安でしょうし、親御さんの立場からしても、住まいを探すのはなかなか難しいものです。その支援のために立ち上げた制度については、序章で述べたとおりです。

濱田前総長の任期中にも、女子学生のための環境整備としていろいろなことを行いました。とくに、女子トイレについては安全面の観点からも、ずいぶん改善されたと思います。現在建設中の学生宿舎についても、この前、建設中の現場を私自身で視察に行き、女子学生の安全確保の観点から更なる改善を指示したところです。キャンパス自体がきれいになることは、女性に限らず誰にとっても好ましいことでしょう。

働き方の文化を変える——運営②

女性の研究者がもっと活躍できる環境をつくりたいと考えています。例えば、私は物理学者ですから、海外の物理の研究者が集まる国際会議に行くと、女性の比率は日本の会議よりもずいぶんと高いことが分かります。もっと女性が活躍できるはずなのに、日本では活躍しにくい状況があるのです。

最も重要なのは、働き方の文化を変えることだと思っています。大学の教員・研究者は、出退勤時間を自分の裁量で決められることになっているのですが、厳しい国際競争に勝ち抜かなければならないプレッシャーが大きいために、ついつい長時間働きがちになる面があります。このような環境を変えなければ、本当の意味で、研究者がのびのび活躍することはできないのではないでしょうか。実際、日本の女性研究者で、そこがつらいと思っている人は多いと思います。

また、現状では、家事や育児などの面で女性のほうの負担が男性より大きい傾向にあるため、役割分担をどう変えていくかも重要な課題です。男女を問わず時間の使い方を抜本的に見直し、さまざまなライフイベントと仕事を両立しやすくすれば、結果として、女性だけでなく男性にとっても望ましい研究環境がつくれると思っています。

私も共働きなのですが、子どもを育てていると、どうしても突発的なことが起こります。朝になって子どもが急に熱を出したり、来るはずのベビーシッターさんが急に来られなくなったりしたとき、企業のサラリーマンよりは大学の研究者のほうが、一般的にはフレキシブルに対応しやすいだろうと思います。先ほど述べたように、研究者は、出退勤時間を自分の裁量で決めることができるからです。時間を調整しやすいという意味においては、研究者という職業は、家事や育児、介護などに携わる者が活躍しやすい分野のはずなのです。

いかに熾烈な国際競争にさらされているからといっても、誰もが長時間働き続けざるを得ないような状況は健全とは言えません。やはり、使う時間すなわち教育研究活動の質を高めつつ、男女ともいきいきと働き、学外でも多様な活動を行えるような環境にしていく必要があると思っています。

国立大学の法人化と基盤的経費――運営③

平成一一（一九九九）年に国立大学の法人化の議論が起こったのは、行財政改革の流れのなかでした。国に一〇〇〇兆円の赤字があるなかで、官業を民業に移していく作業が必要であるという議論が強まったのです。その手段のひとつとして、独立行政法人制度がつくられ、例えば国の試験所や研究所などが法人化されました。

国立大学は二〇〇四年に法人化され、国立大学法人になったのですが、本来、国立大学の法人化と官業の独立法人化とはまったく哲学が違うものです。ところが、国立大学の法人化に際しては、独立行政法人通則法という、官業を民業に移すために整備された法体系が準用されました。国立大学法人法という法律が新たにつくられたものの、ほとんどの運用は独立行政法人と同じようなかたちになっています。何のための法人化か、という哲学の議論は、いまでも十分になされているとは言えません。

法人化された国立大学は経営責任を持つので、自律的に経営・運営をしなければなりません。国立大学時代は、その活動の最終責任は国にありましたが、いまはそれぞれの国立大学法人が責任を負います。このため、リスク管理についても、国立大学法人自身がこれまで以上に丁寧に行う必要があります。また、例えば安全管理にしても、民間企業と同様の法律が適用されます。その結果、法律に則った適切な経営を行うための管理コストが、国立大学時代と比べて大幅に増えているのです。

また、大学が保有している施設についても、国立大学法人として自律的に維持管理する責任が生じます。しかし、こうした管理上のコストを賄うための予算は、国から大学に十分に措置されていません。その結果、大学は、教育研究のための基盤的な資金である運営費交付金を使って、建物の維持管理、あるいは大規模修繕も行わざるを得なくなっています。加えて、最近の電気料金の値上がりも経営を直撃しています。

法人化当時、このように法人化することによって新たに必要となる経費の財源をどのように措置するかという議論は、あまり進まなかったのかもしれません。国立大学が法人化したときに国から各大学に配分される予算（運営費交付金）の額は、前年度まで文部科学省から各大学に配分されていた予算額と同程度になるように決まりました。しかし、責任が大きくなっている分、管理運営に必要な経費は国立大学時代の最終年に比べて増えているはずなのに、それを財源的に積み増しすることは行われませんでした。

運営費交付金は、毎年ある一定の額が大学に配分されるという意味で安定した財源なので、教員や職員を無期雇用する資金の一番大事なベースとなります。ところが、さきほど述べたようにいろいろな管理コストが上がるなかで、このベースの資金も管理コストを賄うために使わなければならなくなっています。結果として、多くの大学で教職員の数を減らさざるを得なくなりました。

国立大学の基盤の部分を運営費交付金だけで支えるのは、もはや現実的ではありません。運営費交付金の重要性は変わりませんが、やはりそれ以外の資金をきちんと獲得する仕組みをつくらなければいけません。それが、私が「東京大学ビジョン二〇二〇」で示していることです。そのビジョンを内外に発信したところ、幸いなことに、いろいろな方たちにこの方向性について同意していただいています。

資金の有効活用——運営④

国立大学の運営費交付金が毎年削減されていることは、すでに述べました。東大は運営費交付金以外に、比較的多くの外部資金を獲得できているので、収入の全体的な状況は好転していると考えていますが、それでも限られた資源は効果的に活用しなければなりません。

そこで、学内の予算配分制度の改革を行っています。ポイントは、価値創造に向けて東大にとって何が一番重要であるかを、学内でオープンな形で議論した上で、つまり透明性をもって優先順位を付けることです。何が大事で、何を優先すべきかをみんなで決めて、そこにお金が回る仕組みにしたのです。

とくに、今すぐにはじめるべき取組みに対しては、スピーディーな展開が図れるよう、大学としてサポートを行っています。予算のやりくりは、予算の規模が小さな部局のなかだけで行うのは難しいでしょう。しかし、大学全体の予算規模で考えて工夫をすれば可能です。

このように規模感を活かした使い方をすれば、同じお金でも「生きた」お金になります。こうしていまある資金をより有効に、より大事に活用する仕組みを整えています。今後は、さらに財源を増やすことにも取り組みたいと考えています。このように考えると、大学は縮小するのではなくて、もっと発展できると、明るい気持ちになります。

みんなで優先順位を決めるこの新しい仕組みは、まだ導入したばかりですから、うまく予算要求ができた部局もあれば、そうでない部局もあります。そこで、一度予算申請をして高い評価が得られなかった事業についても、提案内容を改良して再度要望することができるようにしました。大学として進めるべき事業については、最終的には総長の裁量で予算を付けることができますし、その結果も学内の委員会で公表します。この委員会で予算配分プロセスを全部透明化しています。その上で、来年は最初から必要な予算が取れるように、みんなを説得する良い説明をしてくださいと部局に言います。こうしたプロセスを経て今回、ずいぶん、良い事業を拾いあげることができました。そういうふうに運営を変えたことで、お金の巡りが良くなったと感じています。

大学全体の予算はそんなに増えていないのですから、使い方を工夫することが大事です。まず、教職員を安定的に雇用するための財源は何よりも重要なので、優先的に確保するように運営しなければいけません。また、研究・教育、とくに学生の支援や若手の雇用のための財源は最優先で確保しなければなりません。お金はあるのだけれど、優先度の高いところに効果的に使えていない、ということにならないように、効果的にお金を回す仕組みが必要です。

こうした新しい予算要求のプロセスのなかで、各部局がそれぞれの活動の意義を真剣に説明するのを聞きましたが、そこで改めて感じたのは、大学の知の資産の大きさです。この知の資産を可視化していけば、もっと多くの方に大学の活動に興味を持っていただけるし、大学を支援してくださっている方々への説明責任をしっかりと果たすことができると考えています。

現場の教員人事の重要性 ──運営⑤

一流が一流を選ぶという言葉があるように、やはり現場の教員の選考は、現場が行うべきだと考えています。現場が責任と緊張感を持って、専門性に基づく質の高い議論をして、良い人材を選考すること。この積み重ねが、大学の価値を高めていくことにほかならないのです。これを実現するのが大学のマネジメントの基本であると思います。

二〇一三年ごろに、政府の会議で大学のガバナンス強化が議論されたとき、企業のコーポレート・ガバナンスの考え方を参考にして、大学でもトップダウン・マネジメントができるように、学長の権限を強化すべきだという議論がありました。

しかし、教員選考については、専門を共有していなければいい判断ができません。例えば、物理学者の私が刑法の教授をトップダウン・マネジメントで選んでも、最適な人材を選べません。それより法学部の教授の方々が半年ぐらいかけてじっくり議論して人選するほうが良い結果が得られるのです。

大事なのは、その議論の精度をいかに高めるかということです。私はこれまで現場をずっと経験してきたので、大学とはそういうものだろうという実感を持っています。優秀な教員が知恵を出し合って、妥協することなく、学問分野全体を俯瞰しながら、将来の発展を考えて、良い人選を行うことが何より重要なのです。

分野横断研究の進め方――研究①

東大はあらゆる分野で世界最高水準の研究を目指していますが、異分野間の摩擦・衝突、対話・連携によって、研究の水準をさらに向上させることができます。例えば、ある分野での研究に異なる分野の考え方や成果を取り入れることで、新たな学知が生み出されることもあるでしょう。学術の進化には、文理を越えた複数分野の協動が不可欠であり、私もこれを促進しようとしています。

分野横断研究を進める方法には、トップダウン的なもの、ボトムアップ的なものがあります。例えば、第4章で詳しく述べる「スポーツ先端科学研究拠点」を設立した際は、まず「スポーツ」という大きなテーマを掲げ、それに対して関心がある部局・研究者を集めました。

一方、ボトムアップ的な方法として、複数の学部・研究所などの連携によって、研究のベースとなる拠点を立ち上げるかたちがあります。このような取組みをやりやすくするための仕組みとして、連携研究機構という制度を導入しました。この特長は、手続きが簡素で、かつ参加した部局が責任と主体性を持って連携しやすい設計にしているところです。

知を活用し、新しいものをクリエイトするには、個々の研究者が自由に主体的に活動することが重要です。すでにあるものを追いかけることではないので、そこには自由が不可欠なのです。さらに、大学の経営の立場から見ると、個々の研究者の自由を損なわないようにしながら、結果として大きなベクトルが生まれてくるような形をつくることが理想です。

つまり、みんな自由に動いているのだけれど、高い次元でのビジョンを共有していることで、気が付いてみたら大きな矢印に向かってみんなが協働し、社会に貢献している、というかたちです。東大の場合、「東京大学ビジョン二〇二〇」がこの高い次元でのビジョンなのです。

研究時間の確保 ――研究②

資金の有効活用についてはすでに述べましたが、研究者の時間の使い方も同じです。大学の価値は教育・研究から生まれるのですから、これらのための時間は最優先で確保されなければなりません。

しかし、最近教員は会議や書類作成等の作業でどんどん忙しくなって、論文の執筆や学生指導に十分な時間を使えなくなっています。そこで、東大では、例えば、特定の曜日・時間帯を教育研究のために優先確保する「アカデミック・コアタイム制」の導入など、具体策を検討しています。これだけ大きな組織で、多様な研究分野を抱えているので、実際には一律の対応は難しい面もあるかもしれませんが、教員や学生を応援するメッセージを出し続けることは重要だと思っています。

私自身は、学問を通じて価値創造をすることは意味があるし、楽しいことだということを、教員人生のなかで何度も実感してきました。ですから、教員や学生には、そのために時間をもっと使ってほしいのです。みんなが学問の話でディスカッションに集中する時間を少しでも増やせるよう、仕組みをつくっていくことがとても重要です。

若手研究者の雇用の安定化——研究③

この章のはじめに述べたように、現在、若手研究者の雇用が不安定化していて、深刻な状態です。最近の新聞報道などでは、複数の国立大学で、研究者（教員）の雇用の削減計画があると伝えられています。公共財としての大学を、今後どのようにして安定的に支えていくべきか、ということが問われています。

大学を経営する上で重要な視点は、大学全体にどのような資源や資産があって、それらをどのように使い、どのように価値創造を行っていくか、というマクロな視点です。重要な資源である運営費交付金は毎年一％程度ずつ減っています。これだけ国の財政が厳しいと、財務省も財政規律の観点から削らざるを得ないのでしょう。

しかし、一年に一％程度でも、一〇年たてば一〇％以上の削減です。運営費交付金の多くは雇用のための財源に充てられていますので、それが将来にわたって保障されないとなると、先を見越して、新規採用を見送るなどして、徐々に雇用を減らそうと判断する大学も出るのです。

さらに判断を難しくしたのは、二〇〇一年からの定年延長です。定年が六〇歳から六五歳に延びたので、当然その期間の雇用保障をすることになります。一方、人件費として使える予算が増えたわけではありません。限られた予算のなかで何とか雇用を維持しようとすると、新しい雇用の供給を止めるしかないので、それが若手の雇用環境を直撃してしまったのです。

一方、東大では、競争的資金を多く獲得することで事業の規模が拡大しているので、それに応じて雇用を増やす必要があります。とくに若手が必要です。しかし、安定財源である運営費交付金で賄うことができないため、任期付きで雇用するしかなかった、ということは先に述べたとおりです（図3.4）。

その結果、四〇歳以下の研究者はほとんどが任期付きの雇用になってしまいました。それでも、業績を残して任期を重ねれば必ず任期なしの雇用に移れると分かっていれば、まだ未来への見通しが立ちます。ところが、現実にはそうではなく、任期付きの研究者たちのなかには、将来への不安を抱えながらその日その日の研究をしなければならない状況に置かれている人が多くいます。人によっては、そのような状態が、結果的に一〇年以上続くことになるかもしれません。一方、雇用のために必要な経費は任期なしの雇用でも、任期付きの雇用でも大きくは変わりません。そこで、経営を工夫することで任期なしの雇用を増やしたいと考え

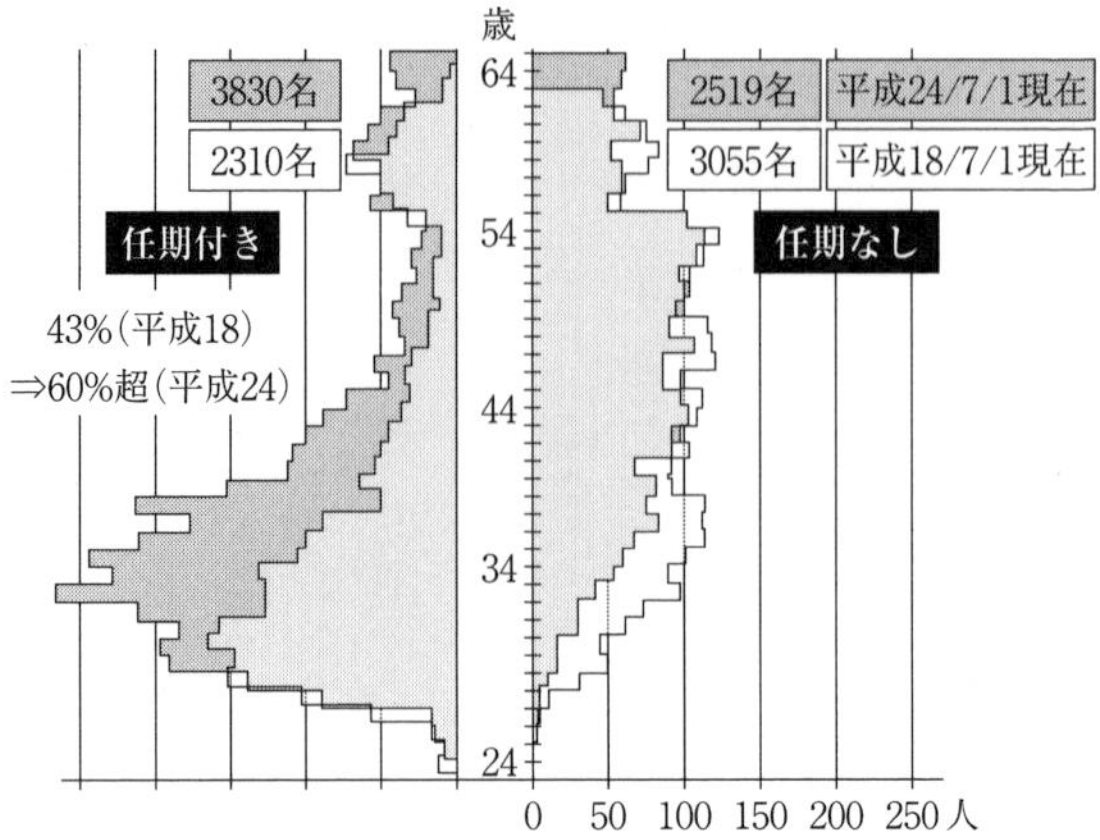

図 3.4　東京大学の教員・研究員在職状況（任期付きと任期なしの比較）

ています。

そのためには、全体としてどれだけの人を任期なしで雇用し、その財源をどのように確保するのか、設計図を描かなければなりません。大学がトータルで見てどのような資源を持っているのか、それを二〇年、三〇年の経営の時間軸で考える必要があります。

東大がしっかりとした経営を続け、質の高い研究教育活動を行えば、三〇年後になくなっていることはないと思いますし、優秀な学生も確保し続けられるはずです。さらに、東大で行っている研究は世界のなかで見ても非常に重要なものが多いので、それは継続すべきです。そうだとすると、向こう三〇年間の人員計画を考えたときに、将来のためにいま若い人を何人採るべきかという判断は、運営費交付金が何％減るという話とは別の問題として行う必要があります。

任期なし雇用が五〇〇人減ったところを、最低でも三〇〇人ぐらいは急いで戻す必要があると考えています。任期付きの雇用でも、ある程度長い期間継続して雇用している場合もあるので、これを任期なしへ移せばいいのです。安定財源で雇用するわけではないので、それに伴うリスクはあります。しかし、大学が持っている資源や資産の大きさを考えれば、それを有効に活用して価値創造を行っていくことで、運営費交付金以外の財源を十分に確保できると考えています。

大学に資金を呼び込むには、大学に投資をしたいと、いろいろな人に思ってもらえるような活動をすることが何より重要です。大学の価値の源泉は人ですから、人を減らしますというメッセージではなく、ポジティブに成長していくイメージを打ち出していくべきなのです。

東大の底力

私が物理学科に進学したとき、東大は物理の分野に強いと思っていました。ところが、これから大学院に進学して研究をはじめようと思ったときに隣に研究室を立ち上げた新しい教員が、「ここでベル研究所と競争する」と言ったのに対し、先に着任していた教員が「ここでは叶うはずがない」と言ったのです。私は、それなら、ここから早く卒業して、もっと良い環境に身を置いてみたいと思いました。反面、学生としては、やはり世界最高の物理学を学べる場所が日本にあってほしいとも思いました。実際、非常に優秀な教員が東大にもたくさんいるのです。それなのに、なぜ全然勝負ができないと教員が思ってしまったのでしょうか。たしかに研究費の額では、全く勝負になりません。しかし、それだけが理由であれば、お金の回し方を工夫して研究費を工面すればよいのだ、と後で強く思うようになりました。

活躍が目立つ教員、多くの予算を取ってくる教員、論文の被引用数の多い教員。こうした教員につい注目しがちなところがあります。しかし、総長に就任し、さまざまな分野の教員と議論を深めるにつれ、そういう視点では見えてこない大学の価値にも次第に気付くようになりました。そして東大にはやはり相当な底力があると思うようになりました。私は、そうした東大の底力をみなさんにお示しする努力を続けています。

例えば、卒業式や入学式の式辞で、経済学の宇沢弘文先生や国文学の橋本進吉先生（コラム3参照）について触れました。式辞でどんなことを学生に伝えるかを、多くの教員と相談しているなかで、宇沢先生や橋本先生の名前が挙がったのです。

宇沢先生は本学理学部の数学科に学び、経済・社会の問題に取り組むために経済学に転向した異色の学者です。企業の成長や投資行動という複雑な現象を数学的なモデルで精緻に表現したという業績は、世界的に有名です。私もキャンパスでお見掛けしたことがあり、ある程度知っていたのですが、学生に向けてきちんと話をしようと思ってご著書を三、四冊読んでみると、「社会的共通資本」論を中心に、実に壮大な視野を持った方だということが分かったのです。

橋本先生は、中学や高校の国語の授業で習う「文節」という概念を提唱し、日本語の文法を体系付けた研究者として有名です。橋本先生の研究は、二〇一六年度の秋の卒業式で述べたように、史料編纂所と地震研究所のコラボレーションで、千年スケールの知を現代的に活用するという壮大な研究プロジェクトにもつながっています（コラム4参照）。このような知の蓄積という意味で、東大は欧米含めほかの大学にないものをたくさん持っているはずなので、価値があると思うわけです。

ありがたいことに、東大と共同研究したい、東大に寄附をしたい、あるいは東大に出資をしたいと、ご相談をいただくことがあります。そういう方々が関心をお持ちの学問分野は実に多様です。それらの分野と、先ほどの話のように学生にどんなメッセージを伝えようかと思って私が勉強している東大のエピソードは、実はかなり対応しているのです。とくに、思っていた以上に、人文社会系の学問への関心が高いことを実感しています。これらの経験から、人文学や社会科学の学問がまさにいま、価値創造という意味でも極めて重要であると考えています。これは、総長になったからこそ分かった新しい発見です。

学外の方とお話をするときは、このような事例を紹介しながら、東大は今後も伸びていきます、と明るい話をしています。なぜ自信を持って明るい話ができるかといえば、教員たちを信頼しているからです。先ほどの式辞の話もそうですが、いろいろな分野の教員と話をして、話を聞けば聞くほど、面白い研究が行われていると思うのです。

東大には現在もそのような人たちがたくさんいます。先日、東大の優秀な若手の研究者を「東京大学卓越研究員(一)」に認定しました、彼らは、やはり頼もしいです。五二人の推薦があって、そのうちから二〇人を選びましたが、いずれも極めて優秀で、興味深い研究を行っています。それを毎年二〇人ずつ増やすことができれば、大学にとって貴重な蓄積になると思います。

これからの課題は、そのような知の蓄積を社会全体の仕組みの改善に活かしていくことです。私は東大の経営を行うなかでこうしたことを考えるに至ったわけ

(一)「東京大学卓越研究員」制度：平成二八年度から始まった若手研究者支援制度。採用後三年以内の若手研究者で部局長推薦のあった者から選定。スタートアップ経費(年間三〇〇万円)を二年間支援する。

ですが、これは東大だけの課題ではなく、日本の大学全体の課題だと思っています。つまり、これは、日本が独自に培ってきた学問が、世界に開かれた知の資源としてどのように共有されるべきか、という課題です。知をもって人類社会を安定的に発展させていくために日本の高等教育が果たせる役割は大きいと感じています。

世界の大学ランキングに必要な視点

先日、タイムズ・ハイヤー・エデュケーション(2)の関係者と会う機会がありましたが、「ランキングはキラキラ（glitter グリッター）していることが重要」と言っていたことが印象的でした。

彼らの主張はよくわかります。そのような視点から、あれだけ影響力を持つ大学ランキングをつくったという意味で、ビジネスとしての着眼は評価すべきだと思います。また、彼らの持っているデータ自体は極めて有用なものが多いことも感じました。その上で、人類社会をより良くするために大学ランキングができることは何かを一緒に考えませんか、と私は彼らに言いました。

もちろん、ある尺度を用いて大学を一列に並べるという方法は、読者にとって

(2) タイムズ・ハイヤー・エデュケーション（The Times Higher Education）：イギリスのタイムズが新聞の付録冊子として毎年秋に発行している高等教育情報誌。「世界大学ランキング」で有名。

は分かりやすいでしょう。また、ランキングがあることによって大学自体への感心が高まること自体はポジティブに捉えています。

しかしながら、大切なのは、人類社会全体を良くするために、単一の尺度では測れないいろいろな考え方を組み合わせ、より確固とした知の体系、知的な社会をつくることに大学がどう貢献するかです。とくに、アジアの地にあって東西両洋の文化を融合し独自の形で学術を発展させてきた東大は、重要な役割を果たせるはずです。ランキングにもそのような視点が加わればよいのではないかと、私は大学ランキング関係者に伝えたかったのです。

テクノロジーの進歩とともにグローバル化が急速に進むなかで、明治以降、日本がわずか百数十年の間に培った知恵をみんなで共有して、より良い社会づくりに役立てることが重要です。その知恵の価値は、かつてないほどの高まりを見せているはずだと思います。それを活用するために、東大はどう変わらなければならないのか。このことを考える上でも、タイムズ・ハイヤー・エデュケーションが持っているデータのなかには、役立つものもたくさんあるように思いました。

さて、二一世紀になって、小柴昌俊先生をはじめとして何人かの東大関係者がノーベル賞を受賞していますが、その多くが一九七〇年代終わりから八〇年代ぐらいに行われた研究が評価されたものです。日本が一九七〇年代から九〇年代にかけて、そのような研究を育むことができたのは、高度経済成長によるストックが大きかったからだと思います。ですから、やはり豊かさも必要です。

しかし、明治の初期にも北里柴三郎先生のように、あっという間に世界に手が届くような研究をした先人たちがいたのも事実です。やはり、江戸時代の終わりの識字率が七〇％に及ぶなど、日本には学問文化を大切にする独特の風土があるのではないでしょうか。

column 03

橋本進吉先生

現在、日本語はアイウエオという五つの母音を持っています。それが、奈良時代には、母音が八つ存在していたという説があることを皆さんはご存じでしょうか。奈良時代には、もちろんレコーダーなど音声を記録する機器は全くなかったので、昔の人々がどのような発音をしていたのかを直接に知ることはできません。では、どうやってそのような結論を導くことができたのでしょうか。

橋本進吉先生（一八八二～一九四五）は、「文節」という概念を提唱し、日本語の文法を体系付けた研究者として有名な方で、一九二九年から東京帝国大学の教授を務められました。橋本先生は、いまから百年ほど前に、文学部の国語研究室の助手として万葉仮名の研究を進めていました。そして『万葉集』や『古事記』などの奈良時代の文献に仮名として使用される漢字のなかで、五十音図のイ段・エ段・オ段の音のいくつかに、明確な使い分けがあることに気付きました。同じ音を表すものであっても、単語によって表記される漢字に使い分けがあるという事実を見出したのです。

橋本進吉先生
（大正 15 年 3 月撮影）

例えば太陽の光である「ひ」と燃える「ひ」は、現代では発音が同じです。音が同じなので、語源は共通なのではないかとする説もありました。しかし、橋本先生の研究によって、かつては発音が異なっていた可能性が明らかになり、元は別々の言葉であったと推定できるようになったのです。

注目すべきは、大正から昭和初期にかけてのこの橋本先生の独自の調査研究の過程で、実は埋もれていた江戸時代の先駆的な研究が発掘され、新たに評価されたということです。

本居宣長は『古事記』の万葉仮名について調べ、文字使用上の区別があることを早くに述べていました。その宣長の研究を受け継いだ弟子の石塚龍麿は『日本書紀』『古事記』『万葉集』の調査を行い、橋本先生が見出したことと近い事実に気付いていたのです。石塚はその調査結果を『仮字遣奥山路』（かなづかいおくのやまみち）という書物に残しました。しかし、これは出版されなかったために、人々に広く知られることはありませんでした。また、石塚自身も発見したことの意味をよく見抜けず、事実の整理も不十分であったと言われています。

ところが、東大文学部の国語研究室に、この石塚の著書の写本が所蔵されており、百年以上を経て、橋本先生によって読まれ、先行研究として検証され、ようやくその指摘の重要さが理解されたのです。橋本先生は、ご自身の研究について、二重の意味における発見をしたのだと述べています。ひとつは特殊な仮名遣いを再発見したこと、そしてもうひとつは石塚龍麿の隠れた仮名遣い研究を発見したことです。

言葉は人間の知的な探究の作業をささえるとともに、その結果を時代を超えて伝える媒体です。言葉の変化を分析し、その歴史を把握することは、過去の社会の様子や人々の思想を正確に知るための手がかりとなるのです。そして文書資料に正しいタイムスタンプを与えるという重要な意義もあるのです。歴史の順序や地域の交流の変遷を知る基盤となるものなのです。

さて、いま一例として挙げた橋本先生の研究は、大学で学ぶべき学問について、二つの重要なメッセージを含んでいると思います。

第一は、論理的思考の重要性です。研究には二つのステップがあります。最初は、調査や実験によって得られたデータを集積して分析し、ある現象が起こっていることを発見することです。次は、見つけた現象について論理的に考察を重ね、背景にあるこれまで誰も知らなかった原理をあぶり出し、体系を説き明かす学説にまとめるという段階です。これらのステップを経て、新たな知恵として人類が共有できるようになるのです。

江戸時代の石塚龍麿は第一の段階にとどまっていたということになります。橋本先生は使い分けのある漢字を甲類・乙類として整理し分析することで、その背景にある音韻の違いを論証されたのです。この学説がさらに日本語の起源や系統についての研究へと大きく発展していったことを考えると、事実の発見にとどまらず、論理的思考によって新たな体系を示すことの大切さが示唆されていると言えるでしょう。

第二のメッセージは、学問研究の時間スケールです。学問を通した、人類社会への問いかけは、私たちが生きているその時々の社会にとどまるものではありません。橋本先生の調査と分析は、千年以上をさかのぼる記紀万葉の時代を対象としつつ、過去から未来への言葉の連続や断絶を探るものでした。さらにその過程で江戸時代の研究に出会い、埋もれていた膨大な研究を発掘し、その価値を再発見し、先人の研究に新たな生命を吹き込んだのです。

このエピソードは、過去から未来に流れる永い時間スケールのなかで、時を超越した真理の深淵を探究することにこそ学問の真の魅力があるということを伝えているのです。過去を調べるということは、たんに昔を振り返るということではなく、未来の姿を予言し見通すということにつながるのです。これこそが学問の普遍的な使命だと私は考えます。

永い時間スケールの営みを維持することにも、われわれのたゆまぬ努力が必要です。残念なことに、国語研究室に所蔵されていた『仮字遣奥山路』の貴重な写本は、大正一二年の関東大震災で焼失してしまいました。現在では橋本先生が震災以前に筆写された本が残されています。また第二次世界大戦末期には、大学が所蔵する貴重な書物や文化財をトラックや馬車、大八車などに載せて山梨県や長野県まで疎開させ、空襲からなんとか守ったという話も伝わっています。
　書物を後世に伝えるために先人たちが大変苦労されたからこそ、いまの私たちがそのデジタル化を行うことができるのです。東京大学の伝統とは、こうして先達の献身によって守り受け継がれたものであることを覚えておかねばなりません。現在、本郷キャンパスでは、濱田純一前総長の決断により、地下四〇メートルの大規模書庫建設が進められています。これもこの伝統を引き継ぐための事業であると私は考えています。

（平成二八年度大学院入学式総長式辞より）

◇

column 04

地震研究所と史料編纂所のコラボレーション

橋本

進吉先生のコラムでも触れましたが、学問の重要な特性のひとつとして強調しておきたいのは、学問の持つ「時間のスケール」です。

日本は地震・火山活動が活発な地域に位置しており、その活動を観察しメカニズムを解明することは、とりわけ重要です。東京大学においても、創立以来地震や火山活動の計測技術の開発、観測そしてその分析研究が活発に進められて来ました。

自然現象である地震・火山活動や天文現象は、自然科学の対象としては、観測事実に基づいて、科学的論理によって解明されます。しかし、それらの時間スケールは、科学研究という人間の活動の時間スケールをはるかに超えることがあります。

二〇一六年の熊本・大分の大地震は、大きな前震、本震、そしてその後の夥しい数の余震という観測史上例のないものでした。「観測史上」という場合の観測の期間は、せいぜい百年ほどです。一方、大地震や超新星爆発などは数百年から千年、万年というスケールでしか起こらないとても稀な現象です。

このような長いスケールは、まだ歴史の浅い近代の科学計測ではカバーすることができません。しかし、人間の知的な活動は、近代科学の誕生以前から続いており、文字による記録を通して、現代まで受け継がれています。とくに、日本は島国であることもあって、固有の文化が千年以上受け継がれています。

いま、東京大学の地震研究所と史料編纂所という二つの研究所の連携で、とても興味深いプロジェクトが始まっています。日本の各地にある古い日記などの古文書に残された、数多くの有感地震や火山噴煙の記録の研究です。

こういった記録をデータベースにまとめ、有感地震や火山活動の時空間分布図を作成し、それを近代的な観測に基づく地震・火山研究と組み合わせるのです。これによって、歴史時代から現代に至る、長期的・全国的な地震・火山噴火活動の実態を科学的に解明するというプロジェクトです。これは、世界的にもとても注目されている組織的な文理融合研究です。低頻度大規模災害である地震・火山噴火の予測という課題への新たなアプローチと言えます。

この古文書群は、千年以上にわたり、さまざまな人たちが身の回りで起きた事象を文字に記録することにより形成されたものです。これらは、これまで人文社会科学分野における貴重な素材として、昔の人々の文化や社会を探究するために利用されてきました。それを現代の自然科学研究のデータとして活用するというのです。

学問の持つ時間のスケールが、いま私たちが生きている産業社会の時間スケールをはるかに超えているということを示す良い事例と言えましょう。

（平成二八年度秋季学位記授与式・卒業式総長告辞より）

◇

付録

東京大学ビジョン二〇二〇

vision 2020

基本理念　卓越性と多様性の相互連環
――「知の協創の世界拠点」として

科学の進歩と新たなテクノロジーの開発は、人類を繁栄に導くための推進力であるはずです。しかし一方で、それは暴走するリスクを常にはらんでおり、人類はそれを制御するための知を同時に鍛えておかなければなりません。現在進行しつつあるさまざまな領域でのグローバル化は「地球社会」とも呼ぶべき新たな世界状況を生み出していますが、国立大学が法人化された二〇〇四年当時と比較しても、環境問題の深刻化、国際紛争の複雑化、格差や不平等の拡大など、容易に解を見出せない問題が次々に出現しています。だからこそ、東京大学が人類の安定的な発展に貢献する責任はいっそう重くなっていると言えるでしょう。

「東京大学ビジョン二〇二〇」は、こうした世界の危機的な状況を踏まえて、東京大学が今まさに果たさなければならない使命を力強く担っていくために、「卓越性」と「多様性」を二つの基本理念として掲げます。

文系・理系のあらゆる分野で世界最高水準の教育研究を目指す東京大学が「卓越性」を基本理念

として掲げるのは、当然のこととみなされるでしょう。しかし個々の分野がばらばらに併存しているだけでは、ただの「複数性」にすぎません。他者に向けて開かれた異分野間の対話と連携、そして時には摩擦や衝突があってこそ、卓越性はさらに高度な段階へと上昇していきます。価値や意味を単一の尺度で測ることができない異なるもの同士が、互いの差異と固有性を尊重しながらぶつかりあい、刺激を与えあうことが不可欠であり、そうした「多様性」を活力として、はじめて、総合大学としての卓越性が実現されていくのです。

一方、このようにして達成される卓越性は、異分野の成果を吸収することで新たな学知を生み出し、東京大学の知の多様性をさらに豊かなものにしていくことでしょう。文理を越えた複数分野の協働によって、これまで存在しなかった独創的な融合分野が生まれることもめずらしくありません。こうして絶えず連動しながら学術を進化させていくダイナミックな「卓越性と多様性の相互連環」こそが、東京大学の教育研究の基本的な駆動力です。

東京大学は以上の理念に基づき、アジアの中心的な学術拠点として、また世界最先端の知的活動を担う場として、これまで果たしてきた役割を着実に受け継ぎ、二一世紀の地球社会に貢献する「知の協創の世界拠点」としての使命を担うべく、今後もいっそうの努力を重ねていきます。

ビジョンⅠ〈研究〉 新たな価値創造に挑む学術の戦略的展開

東京大学は、これまでも一貫して教育研究の卓越性と多様性を重視してきました。「東京大学ビジョン二〇二〇」ではこの精神を受け継ぎながら、研究においては両者の相互連環をいっそう強く意識し、人間と世界のより透徹した理解を目指すとともに、それを通じて新たな価値創造に挑む学術を戦略的に展開します。

具体的には、文系・理系ともにすぐれた学術成果をこれまで以上に国内外に発信すると同時に、誰もが安心して研究に専念できる環境を整備していくことで、国籍・性別・年齢を問わず、いっそう多くのすぐれた人材を東京大学に引きつけます。そして集まった人々が分野や組織の枠を越えて切磋琢磨する機会を提供することで、さらに学術を高度化するとともに、学際的な研究を推進し、新たな価値創造を実現していきます。こうした「卓越性と多様性の相互連環」は、両者が緊密に連動しながらダイナミックに上昇していくという意味で、いわば「らせん運動」にもたとえられるものでしょう。

ビジョン2（教育）基礎力の涵養と「知のプロフェッショナル」の育成

学部・大学院を通じて、東京大学の教育理念である「世界的視野をもった市民的エリート」（東京大学憲章）の養成を基本としつつ、公共的な視点から主体的に行動し新たな価値創造に挑む「知のプロフェッショナル」の育成をはかります。

特に学部教育では、自ら原理に立ち戻って考える力、粘り強く考え続ける力、そして自ら新しい発想を生み出す力という三つの基礎力を涵養します。また、学生の国際感覚を鍛えることによって、世界の多様な人々と共に生き、共に働く力を持った人材の育成にもいっそう力を入れていきます。

高度な専門性を養う大学院教育では、新しい価値創造の試みに果敢に挑戦するとともに、他分野や異文化との積極的な対話と協働を進め、その知見を主体的な行動によって社会にフィードバックできる人材を育成します。

　また学部・大学院ともに教養教育をさらに重視し、卓越した専門性をそなえると同時に、多様な視点から自らの位置づけや役割を相対化することができ、謙虚でありながらも毅然として誇りに満ちた人間を育成します。

ビジョン3〈社会連携〉
二一世紀の地球社会における公共性の構築

　二一世紀の地球社会においては、大学の果たすべき社会的な役割がこれまでになく大きくなっています。それゆえ、東京大学も、「学問の自由」を堅持しながら社会における多様な利益の増進に貢献する責務を負っています。そしてそれは、何よりも日本と世界における真の「公共性」の構築と強化への貢献を通じて行われるべきものです。

「公共性」というとき、社会的・空間的な広がりにおけるそれだけでなく、歴史的・時間的な流れの中でのそれも視野に含めなければなりません。いまは善とされる行為であっても、未来の世代の幸福を阻害する可能性があるならば、慎重に検討される必要があるでしょう。一方、すぐには実現困難であったり、いまは評価されにくいようなことがらであっても、人類の未来に資することであれば、勇気をもって推し進めることが求められるでしょう。そのためには、東京大学の一四〇年におよぶ卓越した多様な学知の蓄積を十分に活用し、国境・文化・世代の壁を越えた協働関係を拡大していくことが必要です。東京大学は産学官民の緊密な連携をはかりつつ、その学術的成果を広く人類社会に還元していくことを目指します。

ビジョン4〔運営〕
複合的な「場」の充実と活性化

東京大学は、本郷・駒場・柏の三極及び白金台キャンパスや各地の施設・演習林など、具体的な現実の空間から構成されていると同時に、ＩＣＴの急速な発達によって、サイバー空間上にも活動の場を広げています。たとえば大学の象徴ともいえる図書館についても、現在、本郷キャンパスでは新図書館計画が進み、現実空間と仮想空間を有効に連動させた知のアーカイブが構築されつつあります。

一方、東京大学という「場」は、言うまでもなく、そこで活動する人々によって命を吹き込まれ、実体化されています。それは自立した個人の集合であると同時に、さまざまな集団や人的ネットワークの重層体であり、外部に開かれた流動性も有しています。

東京大学はこうした複合的な「場」を柔軟かつ機能的な管理運営によって活性化し、ハードとソフトの両面で充実させることによって、そこで展開される「卓越性と多様性の相互連環」をさらに加速するよう、不断の努力を重ねていきます。

アクションⅠ〔研究〕

① 国際的に卓越した研究拠点の拡充・創設

東京大学が強みを持ち世界をリードしている分野や、着実に継承すべき独自の分野をさらに伸ばすとともに、東京大学の枠を超えた共同研究や国際的な連携を推進し、分野融合型の新たな学知を世界に先駆けて創出するなど、国際的に卓越した研究拠点を拡充・創設する。

② 人文社会科学分野のさらなる活性化

人文社会科学分野のすぐれた研究を積極的に

支援することでさらに活性化し、当該分野における東京大学の国際的な存在感を向上させる。

③ 学術の多様性を支える基盤の強化

東京大学が保持する学術資産のアーカイブを構築し、その公開と活用を促進することで、学術の多様性を支える基盤を強化する。

④ 研究時間の確保と教育研究活動の質向上

研究支援制度の充実や業務の効率化などを通じて、教員が研究に専念できる時間を確保するとともに、適切な教員評価を行い、教育研究活動の質をさらに向上させる。

⑤ 研究者雇用制度の改革

研究者雇用制度改革を進めて「研究する人生」の魅力を高め、国内外から多様ですぐれた人材を獲得する。

アクション2〈教育〉

① 学部教育改革の推進

初年次教育、習熟度別授業、新たな進学選択方式、体験活動プログラム等の学部教育改革を着実に推進する。

② 国際感覚を鍛える教育の充実

学生の眼を世界に開かせるカリキュラム構築を支援し、海外での修学を促進するとともに、教養学部英語コース（PEAK）、トライリンガル・プログラム（TLP）、グローバルリーダー育成プログラム（GLP）等のプログラムをさらに充実させる。

③ 国際卓越大学院の創設

「国際卓越大学院（WINGS、World-leading Innovative Graduate Study）」の創設等によって大学院教育を強化し、高度な「知のプロフェッショナル」たる博士人材を育成する。

④ 附置研究所等の教育機能の活用

多様な分野で展開される附置研究所・センター等の研究活動を通じた教育機能を活用し、高度な専門性を持つ研究者を育成する。

⑤ 学生の多様性拡大

高大連携を強化し、推薦入試等による入試改革を着実に進めるとともに、海外からの留学生等を積極的に受け入れ、学生の多様性を拡大する。

⑥ 教養教育のさらなる充実

学部前期課程の教養教育に加え、学部後期課程・大学院における後期教養教育を充実させ、専門的知見と幅広い視野を兼ねそなえた人材を育成する。

⑦ 東京大学独自の教育システムの世界発信

東京大学ならではのすぐれた教育システムを標準モデルとして体系化し、これを世界へ発信する。

⑧ 学生の主体的活動の支援

スポーツ・文化活動・国際交流等、学生の様々な主体的取組が、学業とあいまって人間的成長に資するよう、支援を進める。

アクション3（社会連携）

① 学術成果の社会への還元

人類の幸福と安定的発展に資するため、防災や医療等、諸分野における研究を幅広く推進し、その学術成果を積極的に社会に還元する。

② 産学官民協働拠点の形成

学術成果を踏まえた新たな価値創造を推進し、これを広く社会に展開するため、産学官民の連携による協働拠点を形成するとともに、これを担うすぐれた人材を育成する。

③　学術成果を活用した起業の促進
　関連する研究機関や民間企業、政府等と有機的に連携してイノベーション・エコシステムを充実させ、東京大学の学術成果を活用した起業を促進する。

④　国際広報の改善と強化
　国際広報の仕組みを抜本的に改善・強化し、東京大学の多様な学術資源や教育成果の価値を可視化して世界に発信する。

⑤　教育機能の社会への展開
　東京大学公開講座や東京大学エグゼクティブ・マネジメント・プログラム（ＥＭＰ）等、教育機能の社会的展開をさらに推進する。

アクション４〈運営〉

①　機動的な運営体制の確立
　本部と部局の役割の明確化と意思疎通の緊密化を図り、「現場との対話」を基軸に据えて機動的な運営体制を確立する。

②　基盤的な教育・研究経費の確保
　基盤的な教育・研究経費を確保するため、財源の多元化と経営資源の拡大を促進する。特に、限られた資源を有効活用するため、東京大学の活力を最大限発揮できる戦略的な資源再配分システムを構築する。併せて、光熱水料やスペース等については、競争的研究費の活用等、適切な経費を充てることを徹底する。

③　構成員の多様化による組織の活性化
　男女共同参画やバリアフリー等の推進を通じて構成員の多様性を拡大するとともに、専門職も含めた効果的な教職協働を促進し、東京大学の活力を最大限に発揮できるよう組織の活性化を図る。

④　卒業生・支援者ネットワークの充実

卒業生や支援者のネットワークを充実させ、大学との連携・協力を強化する。

⑤世界最高の教育研究を支える環境の整備

「世界最高の学びの舞台」にふさわしい場を実現するため、持続可能性を有し、価値創造と教育研究の社会展開を可能とするような環境の整備・施設の運営を行う。

⑥三極構造を基盤とした連携の強化

駒場・本郷・柏の三極を中心としつつ、東京大学が所有するさまざまな組織や施設の連携を強化し、人的交流や協力関係を活性化する。

◇

第4章 「産学協創」——社会とどう向き合うか

新しい経済活動のあり方を提案する

これまで述べてきたとおり、経済にしても政治にしても、現代の社会を支える仕組みは、どこか十分に機能していないところがあると感じます。

資本主義は人類が長い年月をかけて培ってきた経済活動の基本的なフレームであり、個々人が市場において自由な経済活動を行うことで、社会全体をうまく回していこうとするものです。われわれは、その仕組みのなかで活動しています。

しかし、市場メカニズムに任せるだけでは、いわゆる「市場の失敗」や格差問題などによって、全体的に見て安定した社会が構築されない危険性があります。最近の世界情勢を見ていると、そのように思わせるできごとが非常に目立つようになってきました。

社会を安定的に発展させるためには、より良い経済活動のかたちへの変革を誰かが先導する必要があります。私はその役割を大学が担っていくべきだと考えています。そのためには、大学が、幅広い分野で社会を支えている産業界と、いままで以上に連携を深めることが重要だと考えています。

日本に限った話ではありませんが、以前は、大学において産学連携に慎重な意見の強い時期がありました。例えば、公益のために教育研究を行っている大学が、営利を目的とした特定の企業に肩入れするのは良くない、という意見や、企業の研究開発目的に影響されて研究者が自由な発想で研究を行えなくなる、といった意見です。

しかし、企業は「会社」といい、「社会」と語源が類似しているくらいですから、そもそも公益にかなったものであるはずです。また、従業員を安定的に養うということは、社会を支える大切な役割を果たしているということです。ですから、大学が公に奉仕するということ、あるいは個々の研究者が自由な発想に基づいて学問をするということと、大学が企業と連携をすることとは本来矛盾するものではないはずです。総長になってから、このことをまずみんなの共通理解にしようと考え、いろいろなところで説明を行ってきました。

さらに産業界と大学との連携のかたちを一歩進めて考えてみると、従来よくあったような、産と学とが立場の異なる組織として一定の距離を置きながら連携するのではなく、産業界の活動と大学の活動をもっとオーバーラップさせて、より良い社会をつくっていくためのパートナーとして互いに連携し合うことが重要です。その際には、より良い社会とはどのようなものかを共有することが肝心でしょう。

実は、一九七〇年代に宇沢弘文先生が提唱された「社会的共通資本」(人々が共通に利用する教育や医療などが人類を幸福にする根源的な資源、という考え方)をはじめ、より良い社会をつくるために資本主義をどのように改善していくかについて、東大は先駆的な研究を行ってきました。また、近年は、CSV(Creating Shared Value)といって、社会課題を解決することが、企業の成長につながる、という考え方も出てきています。これは、資本主義をより良い形にしていくための提案をしたい、という東大の方向性に近いのではないかと思います。

より良い社会の実現を目指して企業と大学が連携する上で具体的な指標となりうるのは、国連が二〇一五年にミレニアム開発目標の後継として採択した新しい開発目標であるSDGs(Sustainable Development Goals)であると考えています(図4.1)。潘基文《パンギムン》前国連事務総長も、「SDGsの企業行動指針」のなかで、企業はSDGsを達成する上で重要なパートナーであると述べています。良い社会

図 4.1　SDGs　世界を変えるための 17 の目標
（国連ウェブサイト http://www.unic.or.jp/files/sdg_logo_ja.pdf より）

をつくるためには経済がしっかり回ることが必須ですから、重要なのは、企業の成長とＳＤＧｓの達成とを矛盾しないように進めていくことです。これは企業が大学と連携し、大学の持っている知を活用することで実現できるはずです。人間の活動のかなりの部分が産業活動であることを考えると、産業活動がＳＤＧｓとうまく結びつくことには人類社会にとって大きな意義があると思います。

　それでは、大学の研究者が行っている自由な発想に基づく研究は、どうすればより良い社会の実現につながっていくのでしょうか。最近よく紹介しているのは、東大に新設したスポーツ先端科学研究拠点の事例です。詳細は146ページ以降で述べますが、ここでは健康の維持・増進につながる身体機能を理解する研究や、障害が生じた場合にその人をアシストする装具をつくる研究などを行っています。「あらゆる年齢のすべての人々の健康的な生活を確保し、福祉を推進する」（SDGs目標3）に資するこうした研究は、良い社会を実現することに直結するのです。

さらに言うと、この分野は、超高齢社会を迎えた日本において、どうすれば個々の人がいきいきと活躍できる社会をつくれるか、という観点でも大きく貢献できます。このように経済社会を駆動する仕組みをより良いものにするために、学問が大きな役割を果たせるのです。この拠点の活動には、産業界からも関心を寄せていただいています。この拠点で行っている自由な発想に基づく研究のなかから、産業界との連携を通じて実際に社会で活用されるものが出てくると考えています。

産業競争力強化と大学改革への期待

ここのところ、政府の会議などを見ていますと、日本の産業競争力を上げるための議論を行うとき、必ず最後は大学改革の問題に行き着くようです。

日本の産業界をイノベーションに適した方向に変えていこうとするときに大学にもっと一緒に頑張ってもらいたい、大学の知や人材を活用したい、という期待が産業界から高まっています。

ところが、実際には、産業界からみると大学との連携がしにくい状況があるので、大学側に改革が求められています。例えば、二〇一五年には学校教育法が改正され、学長のトップダウン・マネジメントが可能になるような権限強化が行われました。この改正の提案も、先ほど述べた大学改革の議論から出てきました。

とはいえ、私自身はなぜそういう議論になるのか、総長になる前から少し不思議に思っていました。

産業界が大学に対して強い期待を持ってくださっていることは明らかです。大学改革をしてほしいということは、現状のままでは満足していただけていないということの表れでしょう。では、現在の産業界はどのような状況に置かれているのでしょうか。そして、なぜそのような期待が大学に寄せられているのでしょうか。

経済のグローバル化が急速に進むなか、日本の産業構造も大きく変化しています。例えば日本企業において、外国法人等が保有する株式の比率は、昭和の終わりに五%ぐらいだったのが、いまや三割を超えています。つまり、日本の名だたる大企業は、外国資本の比率で言えば、いずれも国際的な企業になっているのです。株主である外国法人に対するリターンをきちんと出し続けなければならないという意味で、経営圧力はかつてないほど高くなっています。

そうしたなかで、経営者はすごく大変な思いをしているようです。こうした株主から、より短期的な利益を求められるため、日本の産業の強みであった自前主義が、機能しにくくなっているのです。今後は、長期的な視野に立って、ある開発テーマについて自社内で何十年もかけて基礎的な研究を行う、というやり方は出てこなくなるかもしれません。

また、日本の企業では学部卒や修士卒の人を採用して、オン・ザ・ジョブ・トレーニングでプロフェッショナルな技術者を育ててきました。そのことによって、企業が成長するための次のビジネスを自社で発展させてきたのですが、このようなやり方も難しくなっています。このままでは日本の産業の将来を描けない、それをどうするか、というときに、産業界から大学への期待が出てきたのです。

基礎研究は大学が最も得意とするものです。ですから、企業が長期的な視野に立った基礎的な研究を行う際に、大学は最良のパートナーとなり得ます。

企業にとって、大学と共同で研究することは、将来の成長に向けた効果的な投資になるはずです。実際に、東大では大学発のベンチャーの数が現在二八〇社ほどに成長していますので、新しいものを生み出す仕組みは確実に存在するのです。産業界と大学がこれまで以上に連携を深めることで、日本の強い知と技と人材を生み出す仕組みを強化することができます。大学としては、きちんとその受け皿をつくっていくことが責務であると思います。

とはいえ、そのためには学長のトップダウン・マネジメントを可能にする権限強化が必要なのでしょうか。大学のなかにいる私から見ると、トップダウン・マネジメントだけでは大学の価値を最大化することはできないと考えます。なぜなら、大学における価値創造は、これまで述べてきたとおり、それぞれの分野の現場の研究教育でなされるからです。現場の構成員が緊張感を持って質の高い教育研究活動を行い続けることをエンカレッジする仕組みこそが大切であり、トップダウン・マネジメントで強制してしまうと、現場が自律性を失ったことへの無力感を抱き、その結果、活動の質が落ちてしまいます。

ボトムアップの優れた提案がたくさん出てくる環境を整備したり、現場の構成員自体のレベルを上げたりすることこそが大学のマネジメントのポイントであり、トップダウンばかりを強調することは本質的ではないと私は思います。

「産学連携」から「産学協創」へ

私は二二年間工学部にいて、一〇〇人近い学生を研究室で育てました。卒業論文、修士論文、博士論文という過程で、時間をかけて一人ひとりの個性を大切にしながら、丁寧に育ててきました。その七割くらいが産業界で働いています。彼／彼女らがどういうマインドを持ち、どういう能力を持っているかは、自然と見えてきます。しかし、卒業生と定期的に会って話をすると、その能力が社会のなかで十分活用しきれていない例が増えているように感じています。

いま、産業構造が急速に、大きく変わろうとしています。これまで経済をけん引してきたのは、いわゆる資本集約型の産業でした。これは、ビジネスをはじめるにあたって、まず設備や人員などの面への大きな額の投資を前提とする産業モデルです。

一方、これからの、ＡＩ（人工知能）、ＩｏＴ（インターネットを媒介してさまざまな情報が「もの」とつながる状態）、ビッグデータ時代は、工業、農業、サービス業などの業種を問わず、あらゆる産業に情報通信技術が組み込まれ、いかにデータを活用するかがビジネスの成功のカギとなります。ここでは、わずかな投資でも波及力の大きいビジネスを興すことができます。これからは、知的な労働をベースとした、いわゆる知識集約型の産業が経済の中心を担っていくのではないかと考えられるのです。

これに対応するために、日本の各企業は事業の転換を進めようとがんばっています。そのときに東大が育てた卒業生の潜在能力を適材適所で使えば、新しいビジネスや新しい産業を産み出し、企業の成長に大きく貢献できるのではないかと思います。

一方で、これまで資本集約型の産業構造を前提とした経営を行っていたものを、急に変えることはなかなか難しいのだと経営者の方から聞いています。大きな組織ではよくあることですが、組織内が細分化されて、それぞれの小さい組織のなかで意思決定を行うため、全体を俯瞰して人材を適材適所に配置することは簡単なことではなく、工夫が必要だということです。また、厳しい経営のなかで余裕もなくなっているのかもしれません。

他方、これまで多数の卒業生を輩出してきた大学は、企業・産業横断的な人的ネットワークを持っています。大学と企業との連携を深めるなかで、このネットワークを積極的に活用して、企業と大学が一緒になって、いまある貴重な人材を最大限に活用するような流れをつくっていきたいと考えています。

私たち大学人は、一生懸命育てて社会に送り出した卒業生に、その能力を最大限に発揮して、活躍してほしいと思っているものです。そのために、企業や卒業生を手伝えることがあれば、ぜひ協力したいという強い思いがあります。東大から多くの企業に優秀な卒業生を送り出してきましたが、そういう企業と、これからどのような戦略で企業価値を高めていくか、ということも含めて、「何をすべきか」というところから議論するような、産と学の新しい協働のあり方があるのではないかと考えました。それを、従来の「産学連携」とは区別して、「産学協創」と呼ぶことにしました。

かつては、企業が成長するためにどういう研究開発をすればいいかというロードマップが明らかでした。その上で、たとえばこの問題は社内ではできないので、大学の研究室でちょっと調べてくれませんか、という形で行ってきたのが、従来の「産学連携」のイメージです。

これに対し、現在の産業界が求めているのは、そもそもどちらに進んだらいいのか、新しい価値創造をするためには何をすればいいのか、というところから一緒に議論することです。そうだとすれば、特定の研究室とだけ連携していたのでは答えは見出せません。文系・理系を問わず、東大のいろいろな引き出しから必要な知恵を提供できるような体制をつくることが求められているのです。産業界のほうも、関連する企業やネットワークをフル活用することで、大学と新しい価値創造をしていく。そのような組織対組織の体制をつくり出すべきです。

そのような新しい連携のあり方を表現するものとして、「産学協創」という言い方を考えました。さらに、より良い社会の実現を共通の目標にすることを掲げました。そのために、まずは良い社会のイメージはどのようなものかを共有しなければなりません。大きな方向性が共有されていることを出発点に、企業と大学それぞれの強みをうまく組み合わせて、共通のビジョンに向けて前進するための活動をしていくのです。これが、組織対組織の産学協創のコンセプトです。

何をやるべきか、というところからゼロベースで議論をはじめるわけですから、大学の強みである、自由な発想に基づく研究が力を発揮します。ですから、産学協創は、学問の自由や、大学の自治とは矛盾しないのです。また、社会を良くするために協働するわけですから、営利企業の活動に加担しているから良くない、という見方も当てはまらないのです。

大学の知恵を社会に広めることは、大学だけではできません。産業界と協力して広めることが不可欠です。自分の研究成果が、誰もが使えるようなかたちで社会に広がることを嫌がる研究者はいないでしょう。こうした考えのもとで、私が総長になってからは、新しいタイプの産学の関わり合い方として、「産学協創」

を強調してきました。

「産学協創」に向けての改革

大学と産学協創をする際、企業にとっては、いままでその会社の研究所などでやっていたことを、これからは大学を舞台にやるということになります。そのためには、大学の側としても、相応の体制を整えておかなければなりません。

東大の場合でまず気付いたのは、知的財産の扱いや情報管理について、産業界と比べるとまだまだ改善しなければならないことが多いということでした。また、例えば利益相反といって、研究者が企業と一緒に活動する際に、大学の本来の使命と利害の対立が生じうる可能性があります。大学の先生方は利益相反管理に精通している人ばかりではありませんから、安心して企業と研究活動をしてもらうには、利益相反をマネージする体制整備が必要なのです。

そこで東大では、まず産学連携本部を産学協創推進本部と改称し、足りなかった体制を補うことにしました。例えば、いろいろな企業と連携するためには、適切な契約を、案件ごとに設計して締結しなければなりません。そのために法務のプロフェッショナルを採用しました。

また、知的財産の管理に関しても、知的財産部を設けて専門知識を持った人材を採用し、発明の中身に応じたさまざまな契約の仕方に対応できるような体制を整えました。

このように、社会を良くしていくために大学の知を活用するという理念のもとで、産業界と連携するための必要な仕組みを整えてきました。これは、大学の財源を多様化して、研究基盤をより強くすることにもつながります。

いま、運営費交付金のほとんどは人件費などの固定的経費に使われているので、研究費にはほとんど使われていないのが現状です。一方、科学研究費補助金などの税金を財源とする競争的資金が、研究活動の主要な財源になっています。国立大学法人化直後は、東大では運営費交付金は全体予算の四八％くらいだったのが、今は三二〜三三％くらいになりました。これは、運営費交付金の交付額自体も減っていますが、それ以上に競争的資金の受け入れ額が増えたことによる変化です。

国が配分する競争的資金は、前述したように、産業界からの大学への期待が高まるなかで、産業競争力の向上をもたらすような出口志向型のものが増えてきました。結果的に、人文学・社会科学系の研究や、理系でも基礎科学のための研究費が圧迫される傾向にあります。出口志向型の研究でないと、資金を集めにくくなっているのです。

しかし、これまでの出口志向型の研究が、本当に産業界に役立っているかという疑問です。われわれは、出口志向型の競争的資金を活用した研究が、短期的な成果を重視するあまり、産業界にとって必ずしも役に立つ成果を挙げられていないと分析しています。競争的資金だけでなく、企業との共同研究においても、これまでは大学の研究成果が新しいビジネスの創出につながりにくかったのではないでしょうか。だからこそ産業界は大学にもっと変わってほしいというメッセージを出しているのだと思います。

それではどうすべきか。やはり産業界が真剣にコミットしたくなるような研究を行うことが大切です。そのためには、先ほど述べたように、新しい価値の創造を目指して「何をやるべきか」というところから、ゼロベースで産業界と大学が一緒に議論しなければなりません。組織対組織の「産学協創」を、産業界と大学が本当に社会に役立つ研究を行うために協力するような仕組みにしたいと考えています。

ですから、組織対組織の産学協創をはじめるときは、最初は共同研究の金額は決めていません。大学と企業がアイデアを出し合い、大学の知を活用して何をやるべきかを決め、価値創造を行うときに、金額はおのずと決まってくるものだと考えているからです。そのための前提として、大学が持っている知的な資産をきちんと可視化する取組みも同時に進めています。

この産学協創が成り立ち、民間からの資金が大学に入ってくるサイクルをつくることができれば、結果として基礎的な学術研究の部分も安定化させられると考えています。基礎的な学術研究自体が、国民から見ると将来の日本社会のために重要な長期的な投資です。すぐビジネスにつながるかどうか判断しにくいために産業界が手を出しにくいことから、やはり国家としてしっかりと予算を確保していくべきです。運営費交付金はそのために大切に使わなければならないと強く思っています。研究成果を社会に広げていくことを目指した産学協創を、産業界との信頼関係の下で実現していきたいと考えています（図4.2）。

企業との提携

そのときに大事なのは人的なネットワークです。やはりパートナーとの信頼関係がないと協創はうまく行きません。先ほどの話のように、私の研究室だけでも七〇～八〇人の卒業生が産業界に就職しています。彼／彼女らがどんな能力や適性を持っているかもよく分かっています。

企業の方が「今後はこんな分野にチャレンジしたい」「そのためにはこんな人

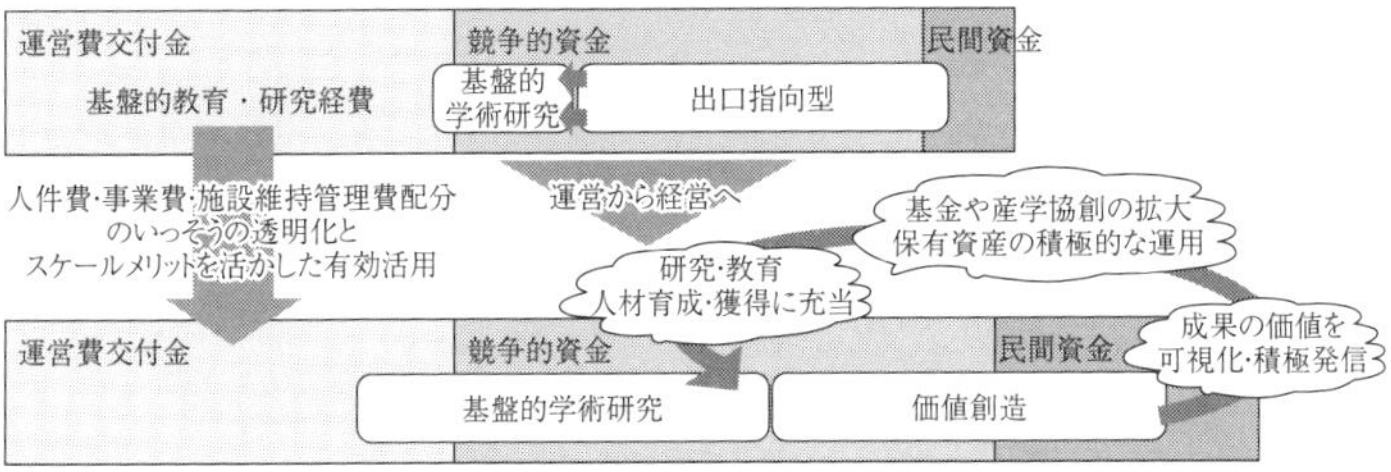

図 4.2　より自律的な経営基盤を構築し、世界の公共財として新たな経済・社会への転換を駆動する

材が必要」と話しているのを聞くと、それならばこの人に活躍してもらうのがいいのではないか、と具体的な卒業生の顔が浮かびます。ですから、企業の方が人材の活用に悩んでいたら、大学はいつでも相談に乗って、良い提案をすることができます。社会を良くするために大学と産業界が連携するときに、お互いの信頼感のなかで、その人的ネットワークの情報を戦略的に使えるわけです。それが例えば、私だけで七〇～八〇人で、大学全体では多様な分野にわたっているのですから、大学は非常に価値の高い資産を持っていると言えます。

昨年は日立製作所(1)やNEC(2)と産学協創をはじめましたが、実際にそれぞれのトップの方と議論をしていると、大学がそのようなネットワークを持っているということが、企業にとっても魅力であるということが、改めてよく分かりました。

現在の世の中では、物事が急速に、しかも大きく

(1) 日立製作所と東大は二〇一六年六月に東大内に「日立東大ラボ」を設置。政府が提唱する「超スマート社会」の実現に向けてビジョンを創生し、複数の共同研究を実施。

変わります。このため、企業が成長し続けていくためには、どの方向に進んで行くべきかを戦略的・俯瞰的に判断することが必要です。そのときに、個々の企業が持つ情報だけでなく、大学が持っている人的データベースの情報を活用すれば、より適材適所な人材配置がしやすくなるかもしれません。大学としても、卒業生がその潜在力をしっかり発揮して社会に貢献してほしいと願っていますので、これは、産業界・大学の双方にとって有益なことではないかと考えています。

いままで東大はあまりこうした情報を積極的に活用してきませんでしたが、今後は非常に重要になってくるのではないかと思います。これからの産業界の発展を考えると、産業界としても優秀な中堅層を活性化することは、まさに「いま」取り組むべき課題だと思いますので、大学もそれに貢献したいと考えています。

東大発のベンチャー

東大発のベンチャーはすでに二八〇社ほどになり、時価総額が一兆円以上だと言われています。もちろん、スタンフォード大学などと比べれば、まだまだ桁が違います。それでも、それなりの規模でベンチャーをつくっていく文化が根づいてきました。少なくとも日本のなかでは東大が圧倒的に進んでいると思います。

(2) NECと東大は、二〇一六年九月に戦略的なパートナーシップに基づく総合的な産学協創を開始。第一段としてAI分野に焦点を定め、複数の大型共同研究、AI人材育成のための奨学金・インターンシップなどを実施。

そのなかには、「ペプチドリーム(3)」や「Preferred Networks(4)」など、既に有名な会社があります。外資系企業が買収したいと思うような会社もあります。ただ、大学の知恵をうまくベンチャーに展開して事業を成功させるためには、やはり仕掛けやサポートが必要です。

そのために、例えば、東京大学協創プラットフォーム開発株式会社を二〇一六年に設立しましたが、これは直接ベンチャーに投資するというよりは、ベンチャー・キャピタルに投資するようなファンド・オブ・ファンズという、新しいベンチャー育成支援の投資ファンドです。

ファンド・オブ・ファンズに期待しているのは、大学の活動を俯瞰的に見ながら、どういう領域がいまの社会に大事かを見きわめ、投資していくようなサポートの仕方です。例えば、バイオに強いベンチャー・キャピタル、材料に強いベンチャー・キャピタルなど、全体のバランスを取りながら、ポートフォリオをつくっていくようなイメージです。

これは非常に新しいタイプの投資です。どの会社が良いかを見つけてそこに投資するというのがいままでのベンチャー投資の主流なやり方であったのに対し、もう少し長期的な視点で産業のあり方をデザインしていくのです。東大がやるならば、そのようなスキームであるべきではないかと思ったのです。

(3) ペプチドリーム株式会社：非標準のペプチド治療薬の発見と開発を目的としたバイオベンチャー企業。二〇一三年マザーズ市場に上場。

(4) 株式会社 Preferred Networks：機械学習や深層学習（ディープラーニング）技術のベンチャー企業。パナソニックやトヨタ自動車と提携。

人文学・社会科学系の知を活かす

いま話題になっている人工知能にしても、金融取引の新技術にしても、ＩＣＴ（情報や通信を使った技術）を使った新しい技術は、実際に社会にどう広がっていくかを考えながらでないと、うまく使うことができませんし、人々にとって役立つ技術にはなりません。技術が進歩するだけでは駄目で、それによって社会システムがどう変化していくかをある程度予見しながら、活用の仕方をデザインしていく必要があります。

価値のあるものとは、要するに人が使いたくなるものなので、結局、人との関わりのないビジネスはないわけです。そこで、技術がどのように社会に浸透していくかを考えるときに、人文社会的な考察が必要になります。あるいは、人文社会的な知見に基づいたビジネスのデザインが重要です。

東大でいま進めているスポーツ先端科学研究にしても、身体機能を効果的に強化するトレーニング・マシンだけではなくて、体を動かすことを通じてどうやって心身の状態をコントロールしていくかということを大事な目的のひとつに掲げています。また、例えば超高齢社会において、高齢者の病気の予防や健康状態のモニタリングなどにＩＣＴを使うにあたって、人が使いたいと思うようなＩＣＴ機器はどういうものなのか検討する際に、心の研究の蓄積を参照することが必要です。

あるいは、宗教対立が激化しているときに、それを沈静化するにはどのような方法があるのか、そのための良いアイデアが生まれれば、それは巨大な価値を生むでしょう。このように新たな社会のモデルを生み出していくことが求められている現在、人文社会系の知恵が非常に重要になっているのです。

これまで日本は、東西の文化を融合して独自の新たな価値を生み出してきました。このため、日本はアメリカやヨーロッパとは違った価値を持っていると言えるかもしれません。今後このような価値は、人類社会に対する大きな貢献につながる可能性があります。ビジネスについて言えば、人文学・社会科学系の知見はビジネスのシーズやチャンスになるものがたくさんあります。

こうした価値に興味を持っている人たちが、実は大学の外にはたくさんいます。大学を訪問される多様な方々と話をしているときに、それを強く感じます。外資系企業が東大と連携したいと言ってくださるときにも、やはり人文学・社会科学的な研究に魅力を感じているようです。

日本が人文学・社会科学系の学問で独自の価値を築いてきた背景のひとつには、

日本がたまたま島国で、さまざまなものが長期間にわたって保存されやすい環境であったことがあるかもしれません。日本が有する価値を強みとしてきちんと可視化して、普遍化して海外に伝えていくことが大事です。技術を手に入れるだけでは社会を良くすることにはならず、技術と人文学・社会科学の知とどういうふうに組み合わせていくかが重要です。その組み合わせるものを東大はたくさん持っていると思います。そういう意味で、東大はポテンシャルは高いのではないでしょうか。

先ほど述べたように、東大は日立やＮＥＣと具体的な連携をはじめていますが、産業界だけでなく、例えば日本スポーツ振興センターや日本サッカー協会との連携も進めています。人文学・社会科学系を含めた大学の知をいろいろなかたちで、さまざまなタイプのパートナーと連携して社会に広めていく、そういう未来が広がりつつあるのではないでしょうか。

スポーツ先端科学研究拠点の例

東大では国立大学法人化にあたって、活動の基本理念を「東京大学憲章」という文書にまとめています。その「東京大学憲章」では、世界の公共性に奉仕する

図 4.3　東京大学スポーツ先端科学研究拠点開設記念シンポジウム（2016 年 6 月 4 日）
馳浩文部科学大臣、遠藤利明東京オリンピック・パラリンピック担当大臣、田口亜希氏
（アテネ・北京・ロンドンパラリンピック射撃日本代表）とのパネルディスカッション

大学になることが掲げられていますが、これを言い換えると、知をもってより良い社会をつくるということだと思います。

それでは、より良い社会とはどんな社会でしょうか。それは例えば、みんなが元気に意欲的に活動し、平和で暮らせる社会ではないでしょうか。だとすると、学問はそれにどのように貢献できるでしょうか。

これまで何度か触れてきましたが、良い社会の基本である心身の健康について研究を行う「東京大学スポーツ先端科学研究拠点」の例を紹介したいと思います（図4.3）。

身体機能を理解し、身体をより上手に使うための研究や、いろいろなハンディを持った人たちの状況を理解し、例えば身体機能を補助するための装具を開発することなどを通じて、そのような人たちがより良く生きることができるような社会をつくることを、東大の総合力を生かして提案することはできないかと考えて、昨年立ち上げたのが、スポーツ先端科学研究拠点です。この拠点の活動は、学問をより良い社会づくりにつなげるという理念の具体化の典型例であると思います。

立ち上げに際しては、予想を上回る良いことが二つありました。

ひとつは、二〇一六年三月にこの構想を学内に掲げたところ、一カ月くらいの間に東大の半数以上の部局がぱっと参加表明してくれたことです。これほど短期間で学内の多くの構成員が積極的に関わりたいと思ったのは、スポーツの持っている共感力の強さや、スポーツや健康を切り口とした研究の広がりの大きさを示していると思います。

それからもうひとつは、アスリートの方たちが非常に歓迎してくれたことです。適切なトレーニング手法の開発をはじめとして、現在、スポーツ活動における科学やそれに基づく技術の重要性が増しています。東大を「知の最高峰」と彼らは表現しつつ、その東大がスポーツに真剣に興味を持ってくれたことがうれしかったと言ってくれました。

二〇一六年六月に開催した拠点開設記念のシンポジウムには、柔道全日本男子の井上康生監督も来てくれました。その折に、最近の柔道は頭脳戦なので、技を掛けるにはどの筋肉をどのように鍛えるかなど、非常に科学的なトレーニングを重視しているとおっしゃっていました。井上さん自身が、トレーニングの仕方を大きく転換することを進めていらっしゃることもあり、科学的なアプローチに期待をしていると述べておられました。そのとき私は、これはリオデジャネイロ・オリンピックでの日本柔道は期待できるなと確信し、実際にその通り素晴らしい成績を残されました。

ほかの競技の人たちからの東大への期待も大きいです。ここで重要なのは、トップ・アスリートとトップ・サイエンティストが協力することです。例えば、身体機能を調べる場合、体がどう反応するかについて、普通の人よりも繊細に感覚を用いるよう鍛えているアスリートを対象に調べるほうが、的確なレスポンスが得られます。それによって、研究が非常に加速するはずです。いろいろな研究成果が早期に集積できるのではないかと期待しています。

この取組みをはじめたときにはそこまで意識していなかったのですが、実はスポーツ先端科学研究に関してはその先の話もあります。私は、日本が二〇三〇年に向かって何に投資をしなくてはならないかを議論する、官邸の「未来投資会議」に参加しています。そのなかで、超高齢社会を迎えるにあたってどのような投資を行うべきか、という議論が出ています。いまの日本の人口分布を見ると、団塊世代が六八～六九歳、団塊ジュニア世代が四二歳くらいで二つの人口のピークを形成しています。二〇三〇年は一三年後ですから、そのころ団塊世代の人たちはいわゆる後期高齢者になっています（図4.4）。

その人たちがなるべく元気で八〇歳くらいまで価値創造に貢献できるか、それとも多くの人が要介護になってしまうかによって、二〇三〇年の未来像はまったく違ってきます。もし寿命は延びたけれど健康寿命は延びず、要介護の方が多くなると、貴重な労働力である団塊ジュニア世代の人たちが介護のために多数離職せざるを得なくなる可能性があります。

その意味で、団塊世代の人たちを意識しつつ、いまどんな投資ができるかが大事で、そのためには、やはりひとつは働き方の仕組みを変えていかなければなりません。例えば高齢者が週一日でも働くことで、生産活動に参加するというかたちが、社会の仕組みのなかにきちんと位置付けられるようにすることが大事だと思います。

そのように考えたとき、団塊世代の人たちは同世代の激しい競争のなかで生きて来られたので、ものすごく鍛えられていると思いますし、何よりＩＣＴの扱い

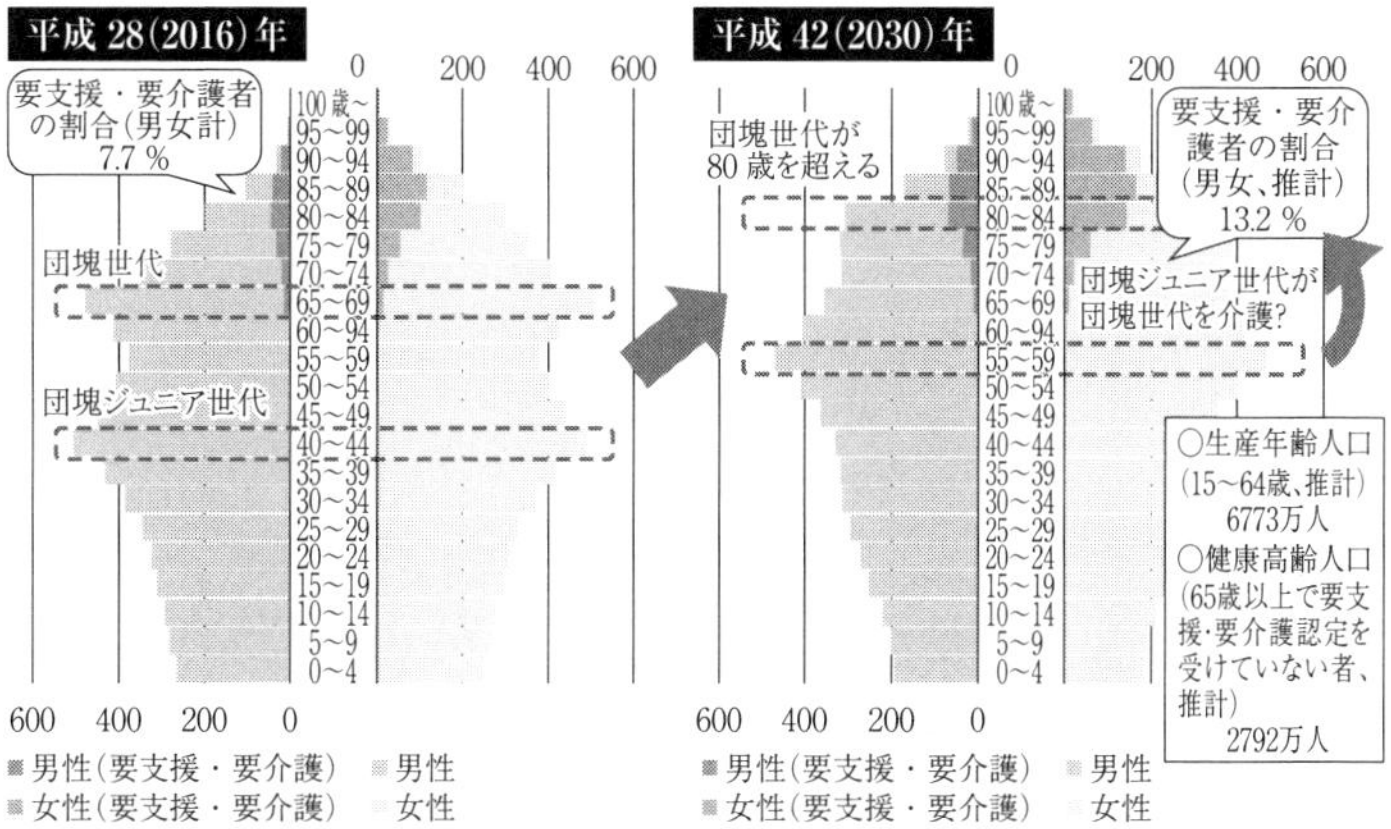

図 4.4　日本の人口構造の将来予測—2016 年と 2030 年の人口構成および要支援・要介護認定者数推計（単位：万人）

（総務省平成 28 年度 7 月 13 日発表「住民基本台帳に基づく人口、人口動態及び世帯数（平成 28 年 1 月 1 日現在）」、国立社会保障・人口問題研究所「日本の将来推計人口（平成 24 年 1 月推計）」、厚生労働省「平成 26 年度介護保険事業状況報告（年報）」から各年齢区部の認定者割合を算出し、人口構成に適用したシミュレーション値）

に習熟している人が多いので、情報通信技術の活用がますます重要になる現代の社会で、貴重な役割を担っていただけるはずです。このような仕事であれば、現役のときほど体は動かなくても十分働ける可能性があります。それから、パラリンピアンをサポートする質の高い装具の開発が進めば、それらは膝や腰の機能に不安を抱える高齢者のサポートにも活用できます。

超高齢社会に向けて計画的に対策を講じていけ

ば、二〇三〇年の未来像は大きく変わります。そのような意味からも、スポーツ先端科学研究拠点には大きな期待を寄せています。

さらに、こうした研究の進展に呼応してマーケットも動くと思います。高齢者の人たちは、より長く生産活動に携わることによって、より積極的に消費活動にも参加できるようになるのではないでしょうか。こうして経済活動が活発になることによって、孫世代の人たちへの教育投資が充実すれば、明るい未来づくりのサイクルが回るはずです。

内需だけではなく、こうした政策が輸出モデルになる可能性もあります。例えば、日本と中国の人口の年齢分布を比較して見てみると、中国のほうのピークが、ちょうど日本の団塊世代と団塊ジュニアの間くらいにあります。日本が先に超高齢社会を経験するわけですが、同じ事態がその約一〇年後、中国でより大規模に生じるのです。中国だけでなく、多くの国がこの問題に将来直面することになります。そこでは日本の課題解決の経験をビジネスに活用できるはずです。

東大は人材にしても、知恵や情報にしても、そのストックがたくさんあります。それをうまく活用できれば、社会的にも、経済的にも求心力のある存在になり得るはずです。みんなが意欲的にいきいきと活動できる未来社会を実現するために東大が貢献しなければならないと考えています。

そうなれば、さまざまな人たちが東大に投資をしたい、と思ってくれるはずです。その結果、多様な財源をしっかりと確保することができれば、大学は運営費交付金をより有効に活用し、教育研究の活動度を上げ、さらなる価値創造に繋げることができます。いろいろな仕掛けを考えて実行に移しているところですが、その都度、社会を良くするために大学ができることはまだまだあると感じます。

終章

東大のビジョンから社会のビジョンへ

目指すべき社会ビジョン

これまで述べてきたように、人類社会は大きく変化しようとしています。そのなかで、これからの社会を駆動する新たなモデルを創るためには、多様な学問をいかに組み合わせていくか、また、テクノロジーと社会システムをいかに結合させ協調させていくのか、という考察が必要です。

その際に、社会全体で目指すべき上位のゴールを共有することが重要です。第4章でも述べたように、二〇一五年に国連が議論して定めたSDGsは、ひとつの共通目標として掲げる合理性を持っていると思います。潘基文前国連事務総長も述べているように、この目標を単に精神的な目標に終わらせるのではなく、実際の経済活動とリンクさせることが重要です。大きなゴールを共有しながら、個々人が自由に意思を持って活動する、その結果として全体から大きな価値が生み出されるというメカニズムです。それを作動させるための社会システムを構築することが必要です。それには、幅広くかつかなり高いレベルの学理が必要で、それゆえに東大に対する期待も大きいのではないかと思います。

国の政策である「第五期科学技術基本計画」が二〇一五年からはじまっています。私はその策定に向けた検討を行う会議にも参加しました。この計画には、国として目指すべきビジョンと、そのためにどのような科学技術投資を行うべきかが掲げられています。

そのビジョンのひとつが、「Society 5.0」と表現されています。「第四次産業革命」とも言うべき、科学技術の革新によって必然的に生じる産業構造の変化を捉えた「超スマート社会」の実現です。第四次産業革命は、蒸気機関からはじまる第一次産業革命、重化学工業の発展による第二次産業革命、情報技術の発展による第三次産業革命に続くものと説明されます。情報通信技術のいっそうの高度化、ネットワーク化、あらゆる人工物がインターネットにつながるというIoTの普及によって、社会や産業の経済の仕組みががらっと変わり、産業構造のパラダイムシフトが起こるというのです。そのなかで、人々の生活において、個人の多様性が尊重され、自由で豊かな生活が実現するという未来社会の姿を「超スマート社会」と抽象的に呼んでビジョンとして共有しようというものです。

具体的な投資ターゲットのリストアップは現在進行中ですが、最近はサイバー空間と物理空間を繋げる技術やＡＩ（人工知能）ブームのリバイバルをもたらした深層学習アルゴリズム、ビッグデータ活用などが注目されています。なかでもＡＩ技術については、さまざまな場面での活用の可能性について、複数の政府の会議で議論されています。

例えばある会議では、アイ・コンストラクション（i-construction）が話題となりました。土木工事において測量にドローンを活用するなど、建設・土木現場にＩＣＴを全面的に取り込むことで、建設生産システム全体の生産性向上を図ろうというものです。また、プラントにセンサーを取り付け、故障検出や補修点検などにＡＩを活用することも検討されています。このようにいまのＡＩ技術は、幅広い対象に活用できるのです。

ＡＩの技術を使って新しい製品をつくろうとか、新しいサービスを展開しよう、と考える際に必要なのは、ＡＩ技術を「使う」ことができる技術者です。この技術者への需要が、社会のいたるところで急速に高まっています。こうした技術を使うには、あるレベルの数学とプログラミング技術に慣れている必要がありますので、大学としても、このような人材を規模感を持って育てることは、早急に取り組むべき課題のひとつです。

しかし、一方で、現在注目されているＡＩ技術の背後にある学理の基礎を深めることも急務です。ＡＩはすでに工事現場や金融システムなど、いろいろなところで使われはじめており、うまく機能しているように見えます。しかし実は、ＡＩが導く結論が本当に正しい結論なのかどうかということは証明できないことが多いのです。

詳しい説明は省きますが、近年、ＡＩ技術のなかで注目されている機械学習や深層学習の相当部分は、ベイズ統計という確率統計理論に依拠したもので、従来の技術とはやや異質なところがあります。インプットした情報からアウトプット（結論）を出すまでの計算の過程がブラックボックスになっていることと、結果がステップごとの論理の積み重ねで出ているわけではないのです。普通の計算機プログラムであれば、エラーが起きると、プログラマーがそれを取り除く作業をして、その積み重ねで正確なプログラムをつくっています。そのプログラムで計算される結果は、入力が同じであれば必ず同じです。

先のようなＡＩの場合はそうではありません。ＡＩが出した結果が正しいのかどうかは証明できないのです。いまうまく機能していると思っていたとしても、全く想定しないくらい大きく間違った結論を急に出してしまう可能性がないとは言えません。しかし、普通の計算プログラムではとてつもなく時間がかかるような問題について、許容できる程度に満足できる答えをスピーディーに出すというところが強みなのです。

もちろん、学習された内部表現を外部にわかりやすい言語等にして説明するような基礎研究も行われていますが、まだ途上です。ＡＩ技術は、今後ますます私たちの社会になくてはならないものになっていきますので、この性質を良く理解した上で使いこなすことが求められます。実は、人間の脳も同じ意味で処理プロセスが明らかでない部分が多いにもかかわらず、人間が社会を形成しています。人間の場合と同じく、ＡＩについても、動作試験、実績を積ませてから重要なタスクを任せるような社会的仕組みが必要かもしれません。こうしたＡＩの性格をより深く理解し、その先の技術を開拓するための先端的で優れた研究を行っている研究者に期待が集まっています。

このように、ＡＩを「使う」ことができる技術者への需要が高まるなかで、その実現に向けた投資が注目されがちですが、ＡＩ自体の学理を深めることも最優先で取り組むべき重要な課題なのです。このような、ＡＩの次の展開を切り開く人材を育てることに対しても、しっかりとした投資を行う必要があります。

ＡＩをとってみても、将来像の見通しを持ち、いまいる人材を最大限に活用するにはどうしたらよいか、という観点での議論が必要だと思います。

Society 5.0と超スマート社会

「第五期科学技術基本計画」において、「超スマート社会」の実現に向けた一連の取組みは、狩猟社会、農耕社会、工業社会、情報社会に続くような新たな社会を生み出すための変革として、「Society 5.0」と位置付けられています。では、Society 5.0、それによって実現が目指されている「超スマート社会」とはどのような社会なのでしょうか。

戦後日本の高度経済成長を支えたのは、資本集約型の工業化を進め、高品質のものを大量生産し、廉価に提供するという生産技術です。日本はこの産業モデルを世界に先んじて発展させました。そのけん引力となったのは、機械化によるオートメーションと品質管理技術の融合です。これは、日本発の生産イノベーションとも言われ、これにより、高品質のものを廉価に販売するというひとつの産業モデルを確立したのです。その結果として日本は高度経済成長を成し遂げたわけですが、時代は変わり、いまや高品質のものを廉価につくることは日本に限らずどこでもできるようになりました。

戦後の大量生産モデルにおいては、人が物に合わせることが前提でした。例えば、大量生産でつくられた既製服のサイズは三パターンしかないので、いずれかを何とか着てしまおうとか、少し袖が長いけどまあいいか、という発想だったわけです。機械にしても同じで、すでにある機械を使うために労働者のライフスタイルを調節していくやり方でした。

しかし、人間には個性があります。その個性に合わせた一品ずつの個別生産は大量生産に比べると桁違いにコストがかかりますが、人に合わせて物をつくり、それを提供するというほうが、本来は望ましいはずです。私たちが目指すべきなのは、それぞれの人の多様性、個性を尊重して、それを活力として発展する社会です。

これは、クオリティー・オブ・ライフ（ＱＯＬ）の向上にもつながっていきます。医療の分野でテーラーメイド医療が始まっていますが、ほかの分野でも同様の動きが広がると考えています。私も総長になる前には、新しいテクノロジーを使って、カスタムメイド、つまり個別生産を、大量生産と同じ品質とコストで行う技術の追求をはじめていました。

そこでは、ＡＩ関連技術が大きな役割を果たします。しかし、すでに述べたように、ＡＩを使う作業自体は汎用化されていて、比較するとそれほどハイレベルではありません。ＡＩを用いて何のためにどういうものを提供すればよいのかを見定めるところに、実は深くてハイレベルな考察が必要なのです。

東大では二〇一六年一〇月に次世代知能科学研究センターを設置しました。現在のＡＩ関連技術の進展を踏まえて、真に人間のためになるような目指すべき将来の社会像を明らかにし、その実現に向けて取組みを進めたいと思っています。

先に述べたように、新しい価値は多様性から生まれます。今後は、さまざまな個性に価値を見出す感性を持っていることがビジネスにつながります。したがって、「超スマート社会」の実現に向けて、多様性を尊重するなかで卓越性を追求することや、多様性についてより深く理解しておくことが重要です。その際、ＡＩ関連技術が役割を果たすためには、テクノロジーだけでは十分ではなく、言語や精神文化までを融合した学理を育てていかなくてはなりません。これは東大が総合大学としての強みを発揮できる部分だと考えています。

「超スマート社会」に向けて想定される研究ニーズは実に多様です。例えば、材料科学の先端研究において、いまの半導体技術は同一のチップを大量につくる手法で発展してきましたが、最近の個のニーズを生かすためにテーラーメイドの手法を応用させるという観点に立つと、別の方面に発展する余地があります。また、いままでの成功体験から、半導体に研究資源や人材が集中しています。超スマート社会を支えるＩｏＴでは、あらゆるものがインターネットにつながるのですが、そのためにはあらゆるものにネットにつなげるための機能を持たせる必要があり、計算処理装置が装着されている必要があります。携帯電話に入っているようなＣＰＵをいっそう汎用化し、廉価なものにする必要があります。そのためには、現在の半導体技術をさらに高度化させる必要があるのです。こうした状況のもとで、現在世界では半導体産業への投資が過去最高のブームになっているのです。日本にはその投資対象となりうる、技術や人材のストックが豊富にあるのですが、残念ながらうまくその受け皿になれていません。これは短期決戦の分野で、いま取り組むべき重要な課題です。

もう少し先の技術としては、半導体以外の材料の可能性も見過ごすことはできません。機能性材料やインテリジェント・マテリアルなどと呼ばれる材料群で、東大にはこの分野に優れた研究者がたくさんいます。ＡＩ、ＩｏＴ、ビッグデータと言われる時代における研究は、将来を見通して戦略的に進めることが重要だと考えています。

大学マネジメントの新たな形

こうした状況に鑑みると、近年の大学の経営はこれまで以上に戦略的に行うことが必要となっています。世の中の状況を適切に踏まえた取組みが求められ、プロジェクト志向が強まっています。その際に大学の全体のマネジメントとして重視すべきことは、それぞれのメンバーが面白いと思って取り組んでいる多様なテーマをできる限り広く取り込める旗印を立てることだと思います。

何かプロジェクトを立てるときには、自分も関われるという意識をみんなが持てるようにしたいと考えています。例えば、「東京大学ビジョン二〇二〇」を策定したときも、そのための工夫に注力した結果、多くの学部・研究科・研究所が「自分たちのために書かれている」という感触を持ってくれたそうです。また、スポーツ先端科学研究拠点を設立したときも、あっという間に学内の半分以上の部局が参加表明をしてくれました。

構成員が高次のビジョンを共有した上で、各自のやりたいことを実現することで、全体としてベクトルが良い方向に向かって伸びていくという運営が東大にはふさわしいし、社会を良くする手段としても適切なのではないかと思います。

「こちらに行かなければならない」と全員を同じ方向に向かせることは、多様性を尊重して活力にする、人類社会の新しい成長モデルとしてはふさわしくありません。東大のように自律した多様な構成員を含む大規模な集団では、その多様性に立脚したモデルこそが成果を生むのだと思います。あわせて、そのようなモデルを社会全体にどのように広げていくか、改革を進めながら考えていくべきです。

このような視点での大学改革は、いままではあまり語られてこなかったのかもしれません。例えば産学連携についても、いままでは産業界からの研究費獲得というお金の面からの議論が中心になりがちでした。しかし、本来は、まずより良い社会をつくっていこうという理念があり、それについて、大学と産業界が共感し、そしてその実現に向けて一緒に取り組んでいく、そのためにルールの整備も行う、という順序で議論すべきだと思います。お金をどう回していくかという話はその延長線上に出てくるものです。価値をどれだけ出せるかは、やってみなければ分かりません。このような考え方のベースを言葉だけで理解してもらうには、かなりの努力が必要ですので、まずは東大でひとつひとつ事例を積み重ねて示すことで、この新しいスキームについて理解を広げていきたいと思っています。

人々が自由で豊かに生きられる世界の実現には、多様性と卓越性が結びつくことが不可欠です。多様性を重視するということは、それぞれの人の感性が尊重されるということであり、人と違うことを考える人が排除されないことが大事です。こうした多様性を社会・経済システムにおいてどうやって実現していくか、そこには英知が求められます。その方向性を示すためには、自然科学だけでなく、人文学・社会科学の学知が非常に重要になってきているのです。

東大の役割

序章で述べたように、現代の社会は時々刻々とめまぐるしく変化していて、その変化に伴ってさまざまな課題が現れています。その解決に向けた取組みに大学が大きく貢献できると考えています。

例えば、情報通信技術の急速な発展は、社会の様相を大きく変えつつあります。冒頭でも述べましたが、SNSを使うと誰でも自由に発言ができ、それが瞬時に広がり、大きな影響力を持つことがあります。その際の問題点を指摘することはできますが、SNSがすでにいまの社会に浸透しているのも事実です。社会システムのなかでのSNSを含めたインターネットのあり方については、今後も議論を深めていく必要があります。

その際、東大には情報学環をはじめ複数の部局に多くのメディア論の専門家がいて、新聞や放送のようなメディアはどのような社会的なインパクトを与えてきたか、それを社会のなかに位置付ける法や制度はどのようにつくられてきたか、という研究が蓄積されています。実は、情報学環の前身である新聞研究所のルーツとなる組織は、関東大震災後に新聞やラジオをはじめとするメディアが急速に普及して影響力を持ったという状況を背景にして設置されたものです。これらの研究成果を踏まえて、現代社会においてインターネットやSNSをどういうふうに利用するのが望ましいのかということは、文理を超えて取り組むべき学術課題です。

一方、東大自身も、SNSのような技術を活用しつつ、グローバルな広報活動の強化を進めるべきだと考えています。東大で行われているさまざまな研究、とくに社会を良くするための研究を効果的に発信して社会に伝えていきたいのです。大学からのメッセージを、より多くの人に、正しく迅速に伝えるためには、どのように発信をしていけばいいのか、その検討を加速して具体的な取組みを進めていきたいと考えています。

本書を執筆したのは、こうした課題を含めて、人類社会をより良くするために、多くの人と一緒に議論をしていきたいからです。私が日ごろ東大の総長として考えているビジョンを書籍というかたちで発信して、多くの人に理解していただき、私たちと一緒にソリューションを考えていただきたいと思っています。多くの人が、それぞれの専門性を活かして、現在や未来の社会が抱えるさまざまな課題について考え、ともに行動すれば、社会にとって非常に重要な価値を生み出すことができると思うのです。

次世代に伝えたいこと――「東大3.0」を生きる

東大の歴史を振り返ると、終戦を真ん中として、その前が帝国大学としての七〇年、その後ろが国立大学としての七〇年ということになります（図）。ある意味で、二つの七〇年の時代を経て、今は第三の七〇年、いわば「東大3.0」の時代に入ったわけです。

東大に入学する新入生の多くは一八、九歳です。彼/彼女らに入学式でメッセージを伝えるとき、「君たちは人生のあと七〇年をどう過ごしますか」と聞くことがあります。現在、人類社会は岐路に立たされていて、次の七〇年がどのようなものになるのか、予測の付かないところがあります。このため、次の七〇年をより良いものにするために、若い学生たちに大学で鍛えてほしいことは何かという観点で、メッセージを考えるわけです。とくに、多様性を尊重し、多様性の

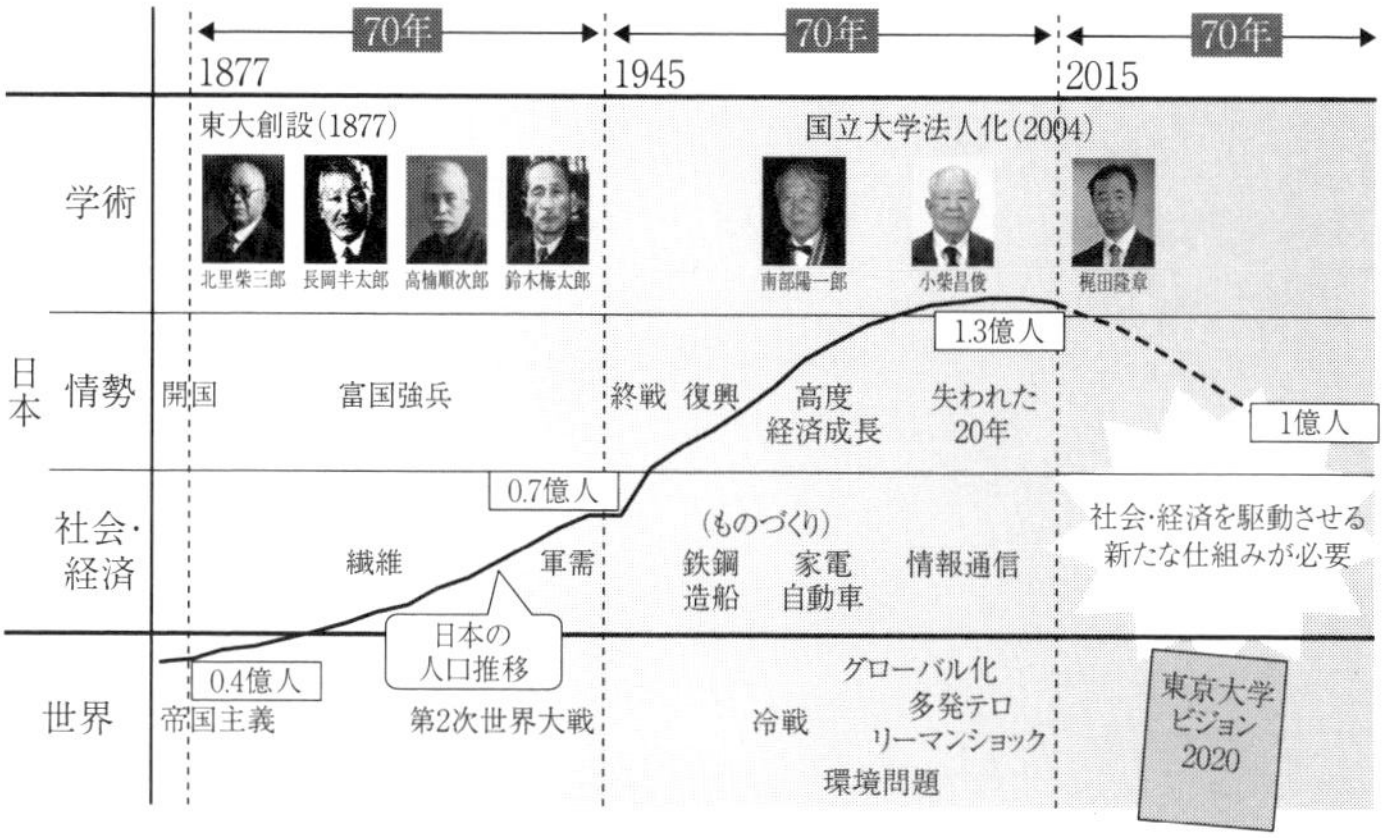

図　東京大学140年

なかから優れたものを生み出していくという東大の伝統については、新しい時代に活躍する若者にとっても必ず生かせる話であり、毎回伝えたいと思っています。

　これまでの日本社会は、人が組織に帰属してそこで鍛えられることで力を発揮するという前提に立ってきました。このような社会の仕組みがうまく機能したことにより、日本が世界のなかで一定の優位性を発揮してきたことは間違いありません。

　しかしながら、そのような仕組みによる成功、成長は、産業にしてもそれ以外の分野にしても、成長のロードマップがはっきりしていて、どういう社会をつくるかというゴールが明確な時代だったからこそ、可能になったものです。一定のゴールを効率的に達成するには、組織に帰属していることが、良い労働力として機能するための好条件となったのです。

しかし、いまは明確なロードマップがありません。社会が向かうべき方向はどこか、というレベルから、物事を考え直さなくてはなりません。

また、企業をはじめとした組織の寿命が昔に比べるともっと短くなり、ダイナミックになっています。このような時代には、どのような働き方をするのが望ましいのでしょうか。これまでは大学を卒業して盤石な組織に就職し、そこで職業人生を全うすることを目標にすることが多かったので、大学としてもそうした組織に入るためのトレーニングの場を学生に提供すれば、ある程度目的が達成できたわけです。

しかし、いまやそう簡単にはいかなくなりました。もっと自分の力や特徴を自分なりにきちんと捉えて、それを強くしていくこと、つまり個性をしっかり磨いていくことが必要です。東大生のマインドをこの方向に向けていければ、彼／彼女らはもっと伸びると思います。

企業ですでに一〇～一五年働いている卒業生についても、大学にもう一度戻ってきてもらい、大学院等で学びなおすことで、個性を磨き、それぞれの価値をもっと高めていけると思います。私たちは送り出した卒業生をとても大切に思っています。彼／彼女らには、持てる力を存分に発揮して活躍してもらいたいという、教育者としての思いが「産学協創」の出発点であることは、すでに述べたとおりです。

いまの急速な経済社会の変化を踏まえると、日本が世界のなかで尊重される立場でい続けるには、二〇三〇年くらいまでの未来ビジョンを見定め、いま具体的に成果を出していく必要があると感じています。二〇三〇年までは一〇数年しかありませんから、いま社会に出ている人たちに活躍してもらうことが極めて重要です。また同時に、その次の産業を担う新しい世代をどういう刺激的な環境のなかで育てていくのかも考えていかねばなりません。

名だたる国際的な企業が林立している日本は、本来、優秀な人材が集まりやすいのです。そこに東大からもたくさんの卒業生を送り出しているわけですから、彼／彼女らにはもっと活躍してほしいと思いますし、そうすれば日本社会に大きな活力がもたらされると思います。彼／彼女らの持てる力を上手に引き出すためには、例えばひとつの組織に帰属し続けるのではなく、組織を動いたり、組織をまたいで活動したりする働き方も効果的かもしれません。東大としてはそのためのプラットフォームを提供していきたいと考えています。

人類社会をより良くするために、産学官民の多様な人材が混ざり合って協働し、新しい価値が次々と生まれる環境を創ること、それが、「東京大学ビジョン二〇二〇」で掲げている、東大が「知の協創の世界拠点」を目指すということなのです。

対談

五神真・東大総長、山極寿一・京大総長と大いに語る

（提供　朝日新聞社）

日本の大学の最高峰である東大と京大。グローバル化や少子化の波を受け、両大学とも変革の真っただ中にある。二〇一五年四月に総長に就任し、改革を推進する五神真東大総長と、ゴリラ研究の第一人者で「おもろい」大学づくりを目指す山極寿一京大総長が、新しい受験制度から未来の大学像まで、激論を交わした。

――学生時代から東大、京大に在籍しているお二人から見て、いまの東大生、京大生の印象はどうですか。

五神真（以下、五神）　東大の学生は昔よりはるかに優秀になっています。私は理学部で物理の教授をしていますが、博士論文を書くのでも、私が学生時代には挑戦しなかったような難問に挑戦する人が多い。しかもきちんと仕上げている。昔もすごい博士論文を書く学生は五年に一人ぐらいいて、伝説になっていましたが、いまはそのレベルが毎年出ていると思います。

山極寿一（一）（以下、山極）　いまの学生はなかなか期待が持てますよ。自分たちの発想

（一）山極寿一（やまぎわ・じゅいち）：一九五二年生まれ。京都大学理学部卒、同大大学院理学研究科博士後期課程退学。理学博士。専門は人類学・霊長類学。アフリカ各地でゴリラの研究に従事。日本モンキーセンター研究員、京都大学霊長類研究所助手、同大大学院理学研究科教授などを経て、二〇一四年一〇月より京都大学総長。

で考えさせると、本当にいろいろなアイデアが出てくる。京大生には、人が思いつかないことを思いつこうというチャレンジ精神がある。人と同じことを考えていては「あかん」と。

五神　その点は東大生は弱めですね。人がどう見ているかという狭い意味での自分の立場を気にする学生が多いかもしれません。

山極　一方、京大生の欠点は、自分の思いにしがみついてしまって、幅広い考え方ができないところですね。与えられた課題をひねくれて考えるから（笑）。ただ、人が普通困るような課題を解決するのがうまい。企業の人事担当者から言わせると、対話能力とか交渉能力など実践面は弱いけれど、「困ったときの京大生頼み」と言われます。

五神　それにしても最近の学生はまじめですね。私は理学部出身ですが、二二年間工学部で教えていて、五年前に理学部に戻りました。東大でも理学部はマインドとしては京大に近いものがあって、先生たちも自分が教えたいように教え、授業もかなり自由な雰囲気がありました。

しかし、久しぶりに戻ったら先生たちがまじめに講義している。何が起きたかと思ったら、学生もまじめに講義を聴いている（笑）。これは昔と比べてずいぶんと大きな変化です。

山極　最近、企業のトップの方とお会いする機会が多いのですが、みんな僕らと同世代ですから、あまり授業に出たことがない（笑）。でもたくさん本は読んだし、酒場やクラブ活動でいろんな人と交流して、実社会を知っていました。五神先生がおっしゃるようにいまの学生はまじめで講義にも一生懸命出てきますが、直接教員のところに来ない学生が多いですね。教員のほうは性根を据えて学生と付き合いたい、と思っているのですが。

五神　東大では、入ったばかりの一年生に「初年次ゼミナール」を必修にしました。四月に学生を二〇人ずつくらいに分け、全学の先生が指導しています。二〇一五年が最初の年だったので心配で四月に授業参観に行ったのですが、それぞれの先生が個性を発揮した教え方をしていてよかったですね。

　大学の研究者というのは、自分の研究が面白くて仕方がない人たちです。彼らもそれを何とか一年生に伝えようと熱心に講義してくれました。学生の評判も良いです。

山極　京大も一〇年ほど前から一年生向けに一〇人前後の学生で「ポケット・ゼミ」というのをやっています。フィールドワークに連れていくのでもいいし、土日にやるのでもいい。それは教員と学生が自由に決めています。教員が熱中して研究していることに直に接する、直に聞ける魅力というのは、すごく大きいですよね。

五神　研究に没頭している先生という存在は、高校まではいないですからね。

山極　高校と大学の学問の違いとしてよく言われるのは、高校は答えが分かっている問題を解く教育ですが、大学では答えが分かっていない、あるいは複数の答えがあるものに挑む教育。答えははるかかなたにあって、問いに答えるとまた別の分野に飛び火して違う問いが生まれる。大学に入ったばかりの学生は、高校とのあまりのギャップに立ちすくんでしまい、挫折する人も多いです。

五神　答えのある問題を正しく答えるトレーニングをしている学生にとって、ギャップは課題ですね。過保護だと言われることもあるのですが、大学が手助けをすることも必要だと思います。東大でも、昔は先生の裁量にまかせてかなり多様な教え方をしていましたが、体系的な教育をしていく動きがあります。例えば、一年生の数学の共通教科書をつくったり、高校時代あまり生物を勉強してこなかった理工系の人向けに生物の教科書をつくったりするなど、学びを支援する改革も進めています。

――学生教育の面で、東大と京大の違いはありますか。

五神　システムとしては、東大はまず前期に教養学部があって、二年次に自分の進学先の学部を選択します。数学がやりたい、物理がやりたい、と初めから決まっている人は、京大を選択する学生もいると思います。

山極　東大と違って、京大を含む多くの国立大学は一九九〇年代、教養部を廃止しました。京大もそれぞれの学部に学生を配置して、専門教育を一年次からやることを可能にしています。しかし、いろんな学問をまず修めてから自分の方向を決めるのが大事だと考えています。

　京大は、学部教育を担わない研究所やセンターの教員がたくさんいるので、三年前に国際高等教育院を立ち上げて、全学体制で初年次、二年次教育を担当する取り組みを始めました。きちんと教養、基礎を積み重ねてもらおうという考えです。

五神　東大は二年次の進学選択の際に、本当にやりたい学部に進めるか、ひとつのプレッシャーがあります。実際には不本意な選択になるということはほとんどないですが。

　それから人材育成の面では、私は「東京大学ビジョン二〇二〇」のなかで、京大よりもかなり強めに産学連携を打ち出しました。お金もうけという狭い意味での経済活動ではなく、人々の生活を安定させるためにも、社会をきちんと駆動させることが学問としても重要な役割です。

山極　東大は国策にいちばん近いところにいるので、とりわけ経済や産業との連携は重要になってきますね。一方で京大は、すぐには役に立たなくても、一〇年二〇年先を見据えながら研究して、世界にものを言っていく、という構えですね。

――二〇一六年度入学から、東大は推薦入試を、京大は特色入試を始めています。新たな入試制度を導入した狙いは何ですか(2)。

五神　いままではひとつの入試を目指してみんなが勉強してきて、ある達成度を超えた人だけをとればよかった。しかし、留学生はもちろん、日本人の学生でも学び方は多様化しています。入試だけですべてを変えるのは無理ですが、入り口も多様化させていくことが必要だと考えました。

山極　京大の特色入試の目的は、大学が「こういう高校生を求めていますよ」というメッセージを高校に投げかけることにあります。従来の入試では個別のメッセージはなかなか出せませんでしたから。

五神　従来の入試も知恵を絞ってつくっていますが、メッセージとしては弱い部分がありますね。東大は新たな入試で、学びたいという意欲を評価したいと考えました。学問をやりたいという強い思いがある人をとりたいと思っています。

(2) 推薦入試、特色入試…東大は、学業成績に秀でた人や、各分野での飛びぬけた才能がある人などを、各高校からの推薦により募集。書類、面接、センター試験などの成績を総合的に評価して合格者を決定。京大の特色入試は、学部により選抜方法はさまざまで、筆記試験や面接、センター試験などで合格者を決める。両大学ともに一〇〇人前後を募集。

山極　京大が求めているのは考える力、それから間違ってもいいから自分で将来を見通す力。それをはかるため、面接試験をしたり、「学びの設計書」を書いてもらったりしています。

また、数学は若いころに才能を発揮する学問なので、理学部の数学試験は四時間で四問、難しい問題を解いてもらいました。僕も解いてみたけれど、難しくてとても解けませんでした。

五神　東大の新しい入試は、各学校一人、共学なら男女一人ずつを高校から推薦してもらう仕組みです。東大は昔に比べ、首都圏近傍の高校からくる学生が増えていて、学生が均質化していく危機感があります。とくに女子学生はきっかけがないと東大に行きにくいというところもある。そういうところも狙っています。

――初年度を実施してみての印象はどうですか。

山極　京大はハードルが高すぎた印象があります。例えば工学部の入試では求める人材を「国際科学オリンピックなどの成績優秀者」としましたが、それが例ではなく条件と受け取られてしまった。そういう誤解がないようにしないといけないですね。それから成績評価を重視しすぎているような印象も与えてしまった。

学部によって足並みがそろっていなくて、高校生の受け取り方が違ったかなと。次の入試までに再考します。

五神　まだ入試の途中などで結果がどうなるかは分からないですが、募集が思ったほど多くなかったと評したマスコミもありました。しかし、どの学部も、応募書類を見て、また受験者と面接して、確かな手ごたえを感じたと聞いています。

――昨年、文部科学省が「人文社会系の廃止」を求める通知を大学に出して話題になりました。

山極　自然科学系は国際的発信力が強いが、人文社会系は停滞しているから縮小してもいいんじゃないか、という意見が産業界から出て、国がそれに乗っかった側面があると思います。しかし、すでに人文社会系はかなり縮小されてしまっています。例えば京大の人文社会系の教員数は全体の二割に満たない。学部は全体の半分もあるのにですよ。しかし、いくら科学技術が進んでも、それを使って社会をどう動かすかという舵がないと、日本の国力にとってすごく大きな損失になると思います。

五神　科学技術、例えば人工知能が進歩したとしても、それを使うのは人間で、人間とつながって初めて価値になる。これからの社会では、人文社会系が培ってきた資源を維持した上で、さらに文系と理系を融合した新しい学問をつくっていくことが問われています。それは、人文社会系をどうこうするというのとは文脈が違う議論です。

山極 京大の東南アジア研究センターには、かつてアウンサンスーチーさんが研究員として所属していました。戦中には李登輝さんもいた。

アジアの国々は、日本の大学の学術に親近感を持っています。日本の大学で学んだ人たちが自分の国に帰ってエリートとして活躍するというのは、人文社会系学部のほうが大きな価値を持っている可能性がある。それをつぶしてしまうことは、日本にとって大きな可能性を断念するものだと、私は非常に危機感を覚えています。

五神 全く同感ですね。人類全体がこれからどういう社会システムをつくればいいかが見えなくなっているなか、人文社会系の学問は活力になります。世界のオピニオンリーダーの人たちは日本の文化、学術に関心を持っていて、日本が活躍する場所はそこにある。その芽を摘んでしまうのは明らかに向きが間違っています。

二〇一五年に、私と同じ物理を研究されている東大の梶田隆章先生がノーベル賞を受賞されましたが、日本ではああいった基礎研究、しかもお金がかかる実験研究を四〇年近くも続けています。また、それに対する世界からの尊敬や信頼があります。

山極　僕はアフリカで長く研究していたから分かるんですが、大使館職員など日本の外交筋は二、三年で代わるけれど、僕ら研究者は二〇年、三〇年と代わらず現地の人たちと緊密な関係を結んでいます。その永続性はわれわれが保持しないといけない。これは貴重な財産だと思います。

五神　たしかに大学はタイムスケールが長いものを担っていますよね。最近、研究の活動を評価するのに「過去五年間の著作・論文の被引用数」を目安にするという基準があります。生物系など競争の激しい分野では、二〜三年で引用されないと「良い研究じゃない」と言われます。

しかし、山極先生が研究されている霊長類学などはスパンがずっと長いですよね。人文社会系に至っては、すでに生きていない研究者の何百年前の論文を引用することもあります。人文社会系は、そういう評価基準では測れない学問なんです。

――グローバル化が叫ばれるなかで、日本の大学には何が求められていますか。

山極　京大はＭＯＯＣ(3)に参入して、私自身も先日、講義をしました。京大発の霊長類学というのはこういう学問で、人類の起源や進化に対しこういう仮説があるということを、世界各地の人々に聴いてもらったんです。東大や京大など日本の大学に独自の学問があることを知ってもらい、自分の国で役立ててもらうこと。これが本当のグローバル化だと思います。

五神　日本の学問には欧米とは違った多様性があり、それを日本に閉じることなく発信していく責任があると思います。学問を軸に国際社会を考え、政治的にも経済的にも安定した秩序をつくるモデルを提案することも、日本の大学の役割。ハーバードの先生がこう言っているからまねしてみよう、ということではまずいわけです。

山極　先日ドナルド・キーンさんをお呼びして講演してもらいました。キーンさんは一九五三年から一年半、京都大学文学部にいました。そこで谷崎潤一郎や川端康成らに出会って、いまの日本の文化や考え方が源氏物語からつながることに気づいた。それが日本の再発見につながり、川端康成のノーベル文学賞につながり、さらにいまの日本の自信や文化の繁栄につながっているのかもしれません。

五神　それは、学生をどう育てるかという視点でも重要ですよね。日本の良さや独自性が世界のなかでどういう意味を持つかを意識できる学生を育てる。そうい

(3) ＭＯＯＣ：インターネットを通じ、誰もが無償で大学の講座を受けられる教育サービス。通称ムーク。

う力を強めないと、グローバル化のなかでは埋没してしまいます。

例えば海外に行って自分がマイノリティーになる体験をすると、日本の持っているものをきちんと勉強するようになります。学生を海外に出したり、国内であってもキャンパスの外での体験活動をする教育が重要です。

山極　イギリスやドイツで学んでいる京大の学生に出会うと、とてもよく育っていますよ。びっくりするぐらいね。体に染みついていた日本の文化を超えて違う文化を体に入れると、深みや積極性が出てきます。

五神　三カ月くらいのインターンシップでもすごく伸びて帰ってきますよね。新しいことを学ぶだけでなく、自分たちがすでに持っているものについての理解が深まります。

山極　いま国の教育改革が議論されていますが、場当たり的です。この問題はアメリカの大学、この問題はイギリスの大学、とベンチマークを付けてまねようとしています。しかし、例えばアメリカでは、世界大学ランキングの順位を上げて、それとともに授業料も上げて、評判の良い大学にお金持ちの学生を集めている。フランスやドイツは授業料はタダにして、その分、卒業後に社会に貢献することを義務として負わせる。これらは国がきちんとした教育プランを持っているからです。「こっちはアメリカ、こっちはイギリス、ドイツ」と言っている日本はすごくちぐはぐな気がします。

――最後に、いまの大学生にメッセージをお願いします。

五神 サークルでもクラスでも、自分と違う分野や興味を持っている人と深く関わることが大切です。そういうつながりは一生の財産になりますから。そして、それらを通して、自分自身が何者なのかをよく理解し、人を巻き込む力を身につけてほしいと思います。

山極 大学では対話が重要です。教員は世界の最先端で切磋琢磨してきた人たちだから、経験もいっぱい持っている。そして、それを若い人たちに伝えたいとも思っています。学生たちには、その経験を積極的に盗めと言いたいですね。

（週刊朝日二〇一六年一月二九日号より転載）

著者略歴

（撮影：STUDIO CAC）

五神　真（ごのかみ・まこと）

1957年生まれ
1980年　東京大学理学部物理学科 卒業
1983年　東京大学理学部物理学教室 助手
1985年　理学博士（東京大学）
1988年　東京大学工学部物理工学科 講師
1990年　同 助教授
1998年　東京大学大学院工学系研究科物理工学専攻 教授
2010年　東京大学大学院理学系研究科物理学専攻 教授
2014年　東京大学大学院理学系研究科長・理学部長
2015年　第30代東京大学総長、現在に至る

専門分野：光量子物理学
学外の主な役職：未来投資会議議員、中央教育審議会委員、
　科学技術・学術審議会委員、産業構造審議会委員

変革を駆動する大学——社会との連携から協創へ

2017年4月25日　初　版

［検印廃止］

著　者　五神　真

発行所　一般財団法人　東京大学出版会
代表者　吉見俊哉
153-0041　東京都目黒区駒場4-5-29
電話　03-6407-1069　Fax　03-6407-1991
振替　00160-6-59964
組　版　有限会社プログレス
印刷所　株式会社ヒライ
製本所　誠製本株式会社

ISBN 978-4-13-003361-9　Printed in Japan